Michael Hauskeller

Mögliche Welten

Neue phantastische Reisen durch
die Philosophie

Verlag C. H. Beck

Originalausgabe

© Verlag C. H. Beck oHG, München 2006
Satz: Fotosatz Reinhard Amann, Aichstetten
Druck und Bindung: Druckerei C. H. Beck, Nördlingen
Umschlagentwurf: +malsy, Willich
Printed in Germany
ISBN-10: 3 406 52818 X
ISBN-13: 978 3 406 52818 7

www.beck.de

Inhalt

Einleitung

In der Vorbemerkung zu seiner Erzählung *Secret Window, Secret Garden* schreibt Stephen King, daß der Akt des Schreibens einem Blick durch ein fast vergessenes Fenster gleichkomme, das einem das bereits Bekannte aus einem völlig neuen Blickwinkel zu sehen gestatte, und zwar aus einem solchen, der aus dem Gewöhnlichen etwas Außergewöhnliches macht. Die Aufgabe des Schriftstellers sei es, durch dieses Fenster zu schauen und festzuhalten, was er dort sehe.[1]

Philosophen machen eigentlich nichts anderes: Sie schauen durch geheime Fenster in geheime Gärten, das heißt, sie erlauben sich eine Perspektive, die wir im alltäglichen Umgang mit den Dingen vermeiden und die diesen die Vertrautheit nimmt und sie als so fremd erscheinen läßt, wie sie es tatsächlich auch sind. Solange wir nicht durch solche Fenster blikken, deren Existenz wir uns im normalen Leben kaum bewußt sind, werden wir der Fremdheit der Dinge und ihrer Zusammenhänge nicht gewahr. Tun wir es aber, dann entdecken wir plötzlich eine Welt, die ausgesprochen merkwürdig ist. Noch merkwürdiger aber ist es, daß es sich dabei um eben die Welt handelt, in der wir leben. Der geheime Garten, in den wir durch die geheimen Fenster der Philosophie blicken, ist derselbe Garten, in dem wir uns bereits in aller Ruhe mit einer schönen Tasse Tee oder einem kalten Bier niedergelassen haben, um den Vögeln zuzuhören, uns mit Freunden zu unterhalten oder ein gutes Buch zu lesen. Sollte es sich aber bei dem Buch um ein philosophisches Buch handeln, kann es uns leicht passieren, daß wir anfangen darüber nachzudenken, ob

[1] Stephen King, *Four Past Midnight* (London: Guild Publishing 1991), S. 220.

7

die Welt tatsächlich so ist, wie sie uns bislang immer erschienen war – und schon blicken wir durch ein solches geheimes Fenster hinab auf uns selbst und die Welt um uns herum. Und es ist alles anders.

Solange wir nicht durch die Fenster der Philosophie blicken, kommt es uns beispielsweise ganz selbstverständlich so vor, als hätten wir uns frei dazu entschieden, jetzt hier und nicht woanders zu sein, aber wenn wir doch den Blick wagen, kann es uns so erscheinen, als sei weder Willens- noch Handlungsfreiheit überhaupt möglich, als sei Freiheit nichts als eine Illusion und als habe es schon immer festgestanden, daß wir heute hier sein würden, um dieses Buch zu lesen. Gewöhnlich kommen wir nicht auf die Idee, an der Existenz anderer Menschen oder der materiellen Welt zu zweifeln, geschweige denn an unserer eigenen Existenz; oder daran, daß unser eigenes Bewußtsein zwar irgendwie mit unserem Körper verbunden, aber gleichwohl nicht mit diesem identisch ist; daß die Welt besser sein könnte als sie ist; daß der Tod nicht der einzige Zweck des Lebens ist; daß auch Tiere über ein Bewußtsein verfügen, so daß es ihnen wehtut, wenn wir sie verletzen; daß wir nicht in einem permanentem Traum leben, aus dem es kein Erwachen gibt; daß es Ereignisse gibt, die bereits vergangen sind, und andere, die noch in der Zukunft liegen, oder kurz: daß es Zeit gibt. Jedoch: Ein einziger Blick durch das geheime Fenster, und alle Sicherheit ist dahin. Wir bemerken, daß vielleicht ja doch alles ganz anders ist als wir dachten. Andererseits: vielleicht auch nicht. Denn es ist in der Tat eine merkwürdige Welt, die uns die Philosophie zeigt, so merkwürdig, daß man zuweilen meinen könnte, nicht durch ein Fenster, sondern in einen Zerrspiegel zu blicken, oder durch ein Lewis-Carrol'sches «Looking Glass» in eine Welt hinter dem Spiegel, die der unseren in vieler Hinsicht ähnlich ist, aber doch auch einige überraschende und irritierende Unterschiede aufweist. So merkwürdig erscheint mitunter die Welt durch die Augen der Philosophen, daß man sehr wohl verstehen kann, wie der argentinische Schriftsteller Jorge Luis Borges die

Philosophie für eine Unterart der phantastischen Literatur halten konnte.

Diese Bemerkung von Borges war der Auslöser für das Buch *Ich denke, aber bin ich?*, das vor drei Jahren in diesem Verlag erschienen ist. Dieses neue Buch, das Sie jetzt in den Händen halten, ist dessen schon damals angekündigte Fortsetzung. Wie *Ich denke, aber bin ich?* besteht es aus 24 Essays über ganz verschiedene, zumindest auf den ersten Blick recht merkwürdig erscheinende und insofern «phantastische» philosophische Theorien und Ideen. Obwohl es deutliche inhaltliche Verbindungen zwischen manchen Essays gibt, setzt doch keiner die Lektüre der anderen voraus, so daß sie nicht unbedingt in der Reihenfolge gelesen werden müssen, die ich ihnen gegeben habe. Überhaupt habe ich mich darum bemüht, ohne ungebührlich zu vereinfachen, so wenige Voraussetzungen zu machen, daß die Lektüre auch für philosophische Laien anregend und unterhaltsam ist. Ich hoffe allerdings sehr, daß auch diejenigen, die sich schon etwas länger mit Philosophie beschäftigen, vieles darin entdecken, das für sie neu und interessant ist.

Etwa die Hälfte der Essays dieses Buches sind zwischen Januar und Juli 2004 während eines Aufenthalts am wunderbaren Forschungsinstitut für Philosophie in Hannover entstanden, die andere Hälfte im darauffolgenden Herbst und Winter in meinem weniger wunderbaren, aber dafür recht heimeligen Arbeitszimmer im südenglischen Exeter.

Exeter, im Mai 2005

Die beste aller möglichen Welten

Wenn man sich umschaut in der Welt, wird man, auch wenn man es persönlich ganz gut getroffen zu haben meint, nicht leicht auf den Gedanken verfallen, daß sie, so wie sie ist, sonderlich gut eingerichtet sei. An vielen Orten herrscht Krieg, und Menschen schlachten einander täglich zu Tausenden ab. Millionen fallen jährlich dem Hunger oder Seuchen zum Opfer, während andernorts, wie bei uns, Überfluß und relative Sicherheit herrschen. Wohin man aber auch blickt, überall sieht man Elend und Not, so daß man schon gar nicht mehr hinsehen mag und den Blick so gut wie eben möglich abwendet. Doch fällt es schwer, gar nichts davon mitzubekommen, zumal niemand letztlich vor Unglück, vor Krankheit und Tod gefeit ist.

Mag sein, man kann sich schlechtere Welten vorstellen als diese, aber daß man sie, besäße man auch alle Macht der Welt, gar nicht besser machen *könnte* als sie ist, daß sie in Anbetracht dessen, was überhaupt möglich ist, zum besten eingerichtet sei: das würde heute wohl selbst der unverbesserlichste Optimist nicht annehmen wollen. Und doch ist genau dies behauptet worden, und zwar von keinem Geringeren als Gottfried Wilhelm Leibniz (1646–1716). Diese Welt, so meinte er, sei tatsächlich allem äußeren Anschein zum Trotz «die beste aller möglichen Welten.» Dies könne gar nicht anders sein, da der allmächtige Gott in seiner Güte und Weisheit nur das Beste habe schaffen können. Da es nun einmal einen Gott gibt, schließt Leibniz, *muß* diese Welt notwendigerweise die beste aller möglichen sein.

Ist aber nicht die Tatsache, daß es so viel Übel in der Welt gibt, allein schon ein ausreichender Beweis dafür, daß es einen ganz und gar guten, allmächtigen und allwissenden Gott gerade *nicht* gibt? Denn wenn wir annehmen, daß die Welt von einem solchen Wesen geschaffen wurde, dann dürfte es doch eigentlich gar kein Übel in der Welt geben. Wenn Gott tatsächlich das Übel verhindern wollte und es nicht konnte, dann ist er auch nicht allmächtig. Konnte er es, aber wollte es nicht, dann ist er offenbar nicht gut. Und konnte er es und wollte es, woher stammt dann das Übel in der Welt?

Leibniz räumt nun zwar die Erklärungsbedürftigkeit des Übels ein, glaubt aber, den Beweis führen zu können, daß es tatsächlich einen allmächtigen und gütigen Gott gibt und daß die Existenz des Übels in der Welt damit durchaus vereinbar ist. Wir wissen nämlich sehr wohl, daß es einen Gott geben muß, weil die Dinge, von denen wir Kenntnis haben, in ihrer Existenz zufällig sind, also nichts an sich haben, was ihre Existenz notwendig machen würde. Alles, was ist, so scheint es, hätte auch nicht oder anders sein können. Warum die Welt gerade ist, wie sie ist, und daß sie überhaupt ist, dafür muß es folglich einen Grund außerhalb ihrer selbst geben, in einer «Substanz, die den Grund ihres Daseins in sich selbst trägt» und die folglich notwendig und ewig ist. Diese Substanz muß ferner Verstand, Willen und Macht besitzen, da sonst unverständlich wäre, warum von allen möglichen Welten gerade diese wirklich geworden ist. Im Verstand werden die Möglichkeiten gesichtet und miteinander verglichen, und zwar *alle* Möglichkeiten, wobei als möglich alles gilt, was nicht in sich selbst widersprüchlich ist. (Tatsächlich *gäbe* es überhaupt keine Möglichkeiten, wenn es keinen göttlichen Verstand gäbe, in dem sie enthalten wären.) Mittels des Willens wird dann eine von ihnen ausgewählt, und vermöge der göttlichen Macht wird diese dann wirklich. Leibniz geht also von der Tatsache aus, daß es eine wirkliche Welt gibt, und schließt dann aus deren mangelnder Notwendigkeit, daß es etwas geben muß, dem sie ihre Existenz verdankt, und zwar in ihrem Dasein wie auch in ihrem Sosein. Nur unter der Voraussetzung eines notwendig existierenden, vollkommenen und keinen äußeren Beschrän-

kungen unterworfenen Wesens ist zu erklären, nicht nur *daß*
die Welt ist, sondern damit zugleich auch daß sie ist, *wie* sie ist.
Gäbe es aber unter allen möglichen Welten keine, die besser ist
als alle anderen, dann wäre auch gar keine geschaffen worden,
weil es dann keinen Grund gegeben hätte, eine vor den anderen
auszuwählen. Ein grundloses Handeln würde nämlich der
Natur des höchsten Wesens widersprechen. Ebenso würde es
seiner Natur widersprechen, eine Welt wirklich werden zu
lassen, die nicht die beste aller möglichen ist.

Nun meint Leibniz nicht etwa, daß eine Welt, in der es keine
Sünde und kein Leiden gibt, nicht grundsätzlich möglich
gewesen wäre. Man kann sich eine solche Welt leicht vorstellen
und sie enthält keinen Widerspruch. *Möglich* wäre sie also
gewesen. Was Leibniz aber bestreitet, ist daß eine solche Welt
auch *besser* wäre als die tatsächlich bestehende. Schließlich
nehmen wir von der Welt ja nur einen winzigen Ausschnitt
wahr und es ist uns völlig unmöglich, sie auch nur annähernd
in ihrer ganzen räumlichen und vor allem zeitlichen Erstrek-
kung zu überblicken. Ferner läßt sich das, was in der Welt
geschieht, nicht isoliert betrachten, da alles mit allem anderen
zusammenhängt, also miteinander einen einzigen Wirkungs-
zusammenhang bildet. Darum können wir vorab gar nicht
ausschließen, daß all das, was uns hier und heute als unnötiges
Übel erscheint, in Wahrheit einem viel größeren Gut dient,
einem Gut nämlich, das auf keine andere Weise zu erreichen
gewesen wäre. All das, was wir als Übel erfahren, das von der
Natur verursachte und das noch viel schlimmere von Menschen verursachte Leiden («Ein einziger Caligula oder Nero»,
bemerkt Leibniz, «haben mehr Unheil angerichtet als ein Erdbeben»), kann also durchaus notwendig sein, um ein höheres
Gut zu verwirklichen. Vielleicht liegt es ja in der Natur der
Dinge, daß dessen Verwirklichung sich nur allmählich in der
Zeit vollziehen kann. Daß es aber ein solches Gut tatsächlich
gibt, auch wenn wir es auf keine Weise zu erkennen vermögen,
dessen können wir, wissend um die Existenz und die unendliche Güte und Macht Gottes, völlig sicher sein. «Jene an-

scheinenden Mängel der ganzen Welt, jene Flecken in einer Sonne, von der die unsere nur ein Strahl ist, erhöhen nur ihre Schönheit, statt sie zu vermindern und tragen durch Erzeugung eines größeren Gutes zu ihrer Schönheit bei.»

Daß es uns zuweilen nicht so vorkommt, liegt allein an unserer beschränkten Perspektive. Natürlich hätte Gott, wenn er gewollt hätte, jeden von uns glücklich machen können, aber es gab eben noch mehr zu bedenken als nur unser persönliches kleines Glück. Die Welt ist nicht nur für uns allein geschaffen worden. «Gott sorgt für das ganze Universum; er vernachläßigt nichts, er wählt unbedingt das Beste.» Im übrigen wissen wir auch nicht, welche Entschädigungen uns im Jenseits für das von uns erlittene Übel erwarten. Wenn es Übel in der Welt gibt, dann nicht, weil Gott dieses an sich gewollt hätte, sondern nur, weil er es zulassen mußte. Er mußte es zulassen, nicht etwa, weil seine Macht beschränkt wäre, sondern weil er seinem Wesen nach nur das Beste wählen konnte und das Beste jenes Übel einschloß. Der Zwang, dem Gott hier unterworfen ist, ist also nicht, wie Leibniz sagt, metaphysischer, sondern allein moralischer Art.

Nun ist es zweifellos richtig, daß *wenn* es einen allgütigen und allmächtigen Schöpfer gibt, diese Welt notwendig die beste aller möglichen Welten ist. *Daß* es aber einen solchen Schöpfer gibt, läßt sich aus der Welt selbst, so wie sie sich uns zeigt, jedenfalls nicht ableiten. Dies muß vielmehr schon vorausgesetzt bzw. aus der reinen Vernunft gefolgert werden. Es ist aber fraglich, ob das Argument, das Leibniz zugunsten der Existenz Gottes vorbringt, stichhaltig ist. Muß es denn tatsächlich etwas geben, das notwendig existiert, das also, wie Leibniz sagt, den Grund seiner Existenz in sich selbst hat? Könnte nicht doch *alles*, was ist, auch nicht sein? Warum denn eigentlich nicht? Woher wissen wir denn, daß das Gesetz vom zureichenden Grund, dem gemäß sich alles, was geschieht, aus vorangehenden Ursachen vollständig erklären lassen muß, nicht nur für jedes einzelne Ereignis in der Welt gilt, sondern darüber hinaus auch noch für die Ereignisfolge in ihrer Gesamtheit? Auch wenn es wirklich ein notwendig Existierendes geben muß, könnte dies dann nicht doch die Welt selbst sein oder die Materie als deren Grundsubstanz? Wenn man aber doch ein notwendig Existierendes außerhalb der Welt annehmen will, müssen wir dieses dann auch zwingend, wie Leibniz meint, als vernünftig und das Beste wollend denken? Ist die Welt tatsächlich nur als Produkt einer bewußten *Wahl* konsistent denkbar?

Es fällt schwer, eine Schlußfolgerung, die auf so vielen Annahmen beruht, zu akzeptieren, wenn sie nicht noch zusätzlich durch die Erfahrung gestützt wird. Das ist aber nicht der Fall. Den Optimismus, der durch den Gottesbeweis begründet und gerechtfertigt werden soll, muß man wohl doch schon mitbringen, um sich von dem angeblichen Beweis überzeugen zu lassen. Man muß schon vorher an die Vernünftigkeit der Weltordnung glauben, und wer dies tut, kann wohl vielen Übeln dieser Welt begegnen, ohne deshalb an seiner apriorischen Überzeugung irre werden zu müssen. Manchmal aber geschieht etwas, das den Glauben oder die Hoffnung, alles sei letztlich doch zum besten bestellt, derart erschüttert, daß das Festhalten daran zum Hohn zu werden droht – wie im Jahr 1755 das Erdbeben von Lissabon, bei dem innerhalb weniger Stunden 30000 Menschen starben. «Wenn das die beste aller möglichen Welten ist», läßt bald darauf Voltaire seinen Candide bestürzt fragen, «wie sehen dann wohl die andern aus?» Der Optimismus wird ihm zum «blindwütigen Wahn, durch dick und dünn zu behaupten, alles sei zum besten bestellt, wenngleich es doch immerzu schlecht geht.» Schopenhauer hält den Optimismus angesichts einer von Leid überwucherten Welt sogar für eine «wahrhaft ruchlose Denkungsart», eine Verhöhnung der Opfer, da doch alles darauf hindeute, daß wenn die Welt noch ein wenig schlechter wäre als sie bereits ist, sie überhaupt nicht mehr existieren könnte, und wir somit statt in der besten wohl eher in der *schlechtesten* aller möglichen Welten leben.

Im 20. Jahrhundert schließlich war es der Holocaust, der

den Optimismus endgültig diskreditierte. Damit verglichen erschien Adorno die natürliche Katastrophe des Erdbebens von Lissabon unbeträchtlich. Wolle man den Opfern nicht noch mehr Unrecht tun, müsse man sich jeder spekulativen Sinngebung, jeglicher Behauptung von Positivität des Daseins enthalten. Nach Auschwitz lasse sich keine Metaphysik mehr treiben, «weil, was geschah, dem spekulativen metaphysischen Gedanken die Basis seiner Vereinbarkeit mit der Erfahrung zerschlug.» Hätte wohl Leibniz dem widersprechen können?

2

Die Vorratskeller-Theorie der Welt

Auch wenn wir uns heute schwer tun, noch daran zu glauben, daß die Welt, so wie sie ist, zum allerbesten eingerichtet sei, handeln wir doch immer noch oft so, als habe sie gar keinen anderen Zweck als uns mit dem auszustatten, was wir zum Leben und zum guten Leben (oder dem, was wir dafür halten) brauchen. Zwar mag nicht alles gut sein in der Welt, aber das, was darin gut ist, ist doch allein deshalb gut, weil es *für uns* gut ist. Wir behandeln es so, als sei es für uns gemacht, so als wären wir die rechtmäßigen Besitzer der gesamten nichtmenschlichen Umwelt. Die Bäume sind nur dazu da, uns Sauerstoff zum Atmen zu spenden (und natürlich auch Bücher aus ihnen zu drucken), andere Pflanzen und Tiere, um uns zu ernähren und zu kleiden usw. Die Erde mit allem, was darauf wächst und gedeiht, ist wie ein großer Vorratskeller, aus dem wir uns frei bedienen können. Und zwar nicht nur deshalb, so kommt es uns vor, weil wir die nötige Macht dazu haben, sondern auch darum, weil es unser gutes *Recht* ist, uns alles daraus zu nehmen, was uns irgendwie von Nutzen sein kann. Wenn wir Christen sind, können wir sogar darauf verweisen, daß Gott uns dieses Recht ausdrücklich verliehen hat. Aber auch wenn wir nicht an eine göttliche legitimierende Instanz unseres Herrschaftsanspruches glauben und es nicht für buchstäblich wahr halten, daß alle Dinge dieser Welt zu unserem Nutzen geschaffen worden sind, können wir doch immer noch handeln, als sei es so, und im tiefsten Inneren auch weiterhin davon überzeugt sein, daß es uns zusteht, die Welt als Rohstofflager zu benutzen.

Mit großem Nachdruck vertreten wurde die Auffassung vom menschlichen Recht, über die Natur zu herrschen, nicht erst von christlichen Bibelexegeten, sondern bereits in der griechischen und römischen Antike von den Stoikern. Die Stoiker meinten, daß die Wohlgeordnetheit, die man überall in der Natur beobachten könne, eine bloß zufällige Entstehung aus blinden Naturkräften ausschließe. Jeder, der einmal die «Staunen erregende Pracht des Himmels» erblickt habe, müsse zugeben, daß die Welt so vollkommen ist, daß man sich nicht vorstellen kann, wie sie ohne Verstand, Denkfähigkeit und Vorausplanung je hätten entstehen können. Die Erde erstrahle nur so in Schönheit: «In den Mittelpunkt der Welt ist sie gestellt, fest und kugelförmig, durch ihre Schwerkraft auf allen Seiten in sich abgerundet, mit Blumen, Kräutern, Bäumen und den Erzeugnissen der Felder bekleidet, die sich in ihrer unglaublichen Menge alle durch eine Mannigfaltigkeit unterscheiden, an der man sich nicht satt sehen kann. Nimm die nie versagenden kalten Quellen noch hinzu, das klare Wasser der Flüsse, den saftig grünen Bewuchs der Ufer, die tief ausgehöhlten Grotten, die schroffen Felsen, die hohen überhängenden Berge und die riesige Weite der Ebenen; nimm dazu noch die verborgenen Gold- und Silberadern und die unermeßlichen Mengen von Marmor! Und nun erst die Fülle und Mannigfaltigkeit der Tierarten, der zahmen und der wilden! Was für ein Fliegen und Singen der Vögel, welche Herden auf den Weiden, was für ein Leben der Tiere des Waldes!»

Eine prächtige Welt scheint dies zu sein, die uns wohl gefallen könnte. Doch hat die stoische Begeisterung über die Schönheit der Welt wenig gemein mit dem «interesselosen Wohlgefallen», das später Kant mit der Wahrnehmung des Schönen assoziiert. Das Wohlgefallen der Stoiker ist ganz und gar nicht interesselos. Vielmehr ist für sie das Schöne das Gewand, in dem sich das Nützliche als solches zu erkennen gibt. Was als schön wahrgenommen wird, ist in erster Linie ein Zweckzusammenhang. Alles fügt sich zueinander; nichts ist einfach so da, sondern ein jedes Ding dient irgendeinem Zweck. Die Organe der Tiere etwa dienen deren Überleben und Fortpflanzung, sie selbst aber wiederum anderen Tieren zur Nahrung. «Wie die Hülle für den Schild und die Scheide für das Schwert da sei», so erklärt der frühe Stoiker Chrysipp (281/277–208/204 v. Chr.), «so sei mit Ausnahme des Weltalls auch alles andere für das andere geschaffen, wie die Erzeugnisse und Früchte der Erde für die Tiere, diese aber für den Menschen, wie das Pferd zum Reiten, das Rind zum Pflügen, der Hund zum Jagen und zum Wachen.»

Schon Aristoteles hatte in der Politik ähnliches behauptet, nämlich «daß die Pflanzen der Tiere wegen und die Tiere des Menschen wegen da sind, die zahmen zur Dienstleistung und Nahrung, die wilden, wenn nicht alle, so doch die meisten, zur Nahrung und zu sonstiger Hilfe, um Kleidung und Gerätschaften von ihnen zu gewinnen.» Die Ontologie und Naturphilosophie des Aristoteles aber spricht eine ganz andere Sprache. Hier wird sorgfältig zwischen Artefakten, also von Menschen hergestellten Dingen, und Naturprodukten und insbesondere Lebewesen, unterschieden. Zum Wesen beider gehört die Zweckbestimmung, aber nur für die Artefakte gilt, daß ihr Zweck ihnen äußerlich ist. Sie sind tatsächlich für etwas da, für etwas gut, und zwar für etwas anderes. Ein Messer etwa ist zum Schneiden da. Darin erfüllt sich sein Zweck und zugleich sein Wesen: Es ist ein zum Schneiden bestimmtes Ding. Lebewesen hingegen haben ihren Zweck in sich selbst. Ihre Beschaffenheit dient nicht einem anderen, sondern ihrem eigenen Überleben und Wohl. Sie sind ihrem Wesen nach nicht «für etwas» gut, sondern allein sich selbst ein Gut.

Die aristotelische Trennung zwischen Naturwesen und Produkten menschlicher Kunstfertigkeit wird nun von den Stoikern aufgegeben. Auch die Lebewesen werden jetzt durchgehend so betrachtet, als seien sie Kunstprodukte, als seien sie zu einem bestimmten, ihnen selbst fremden Zweck geschaffen worden. Genau wie ein Messer zum Schneiden da ist, so ist auch ein Rind zum Pflügen da. Aus Lebewesen werden Werkzeuge, welche die Natur (oder Gott) für den Menschen bereitgestellt hat. Die Erde ist dem Menschen als Wohnraum zugedacht, voll möbliert und mit allen technischen Raffinessen ausgestattet. Hier gibt es nichts, das uns nicht gehörte: die «völlige Herrschaft über alle Güter der Erde» ist uns allein vorbehalten. Freilich ist mit dieser Herrschaft auch ein bestimmter Auftrag verbunden. Es steht uns nicht zu, den uns gegebenen Wohnraum zu zerstören. Vielmehr ist es unsere, ebenfalls naturgegebene, Aufgabe, diesen Raum zu gestalten. Wir müssen die Schönheit bewahren, indem wir für Ordnung sorgen, müssen darauf achten, daß die Erde nicht «ein Reich der wilden Tiere oder eine Wüste aus rauem Gestrüpp wird». Inmitten der ersten Natur gilt es also, eine «zweite Natur» zu schaffen.

Es wäre jedoch ein Mißverständnis, wollte man dies als Aufruf zur Schonung der Natur verstehen. Die Stoiker waren keine frühen Umweltethiker. Daß die nichtmenschliche Natur so etwas wie einen Eigenwert haben könne, wäre ihnen nicht in den Sinn gekommen. Unsere Verpflichtung besteht allein darin, dafür zu sorgen, daß die Erde für den Menschen bewohnbar bleibt. Gegenüber anderen Lebewesen aber gibt es keine wie auch immer gearteten Verpflichtungen. Zu schützen sind sie nur insofern, wie man seine eigenen Vorräte und Nahrungsreserven schützt. Denn das ist letztlich alles, was die nichtmenschlichen Lebewesen *sind*. Darum konnte Chrysipp auch guten Glaubens erklären, daß Schweine nur deshalb statt Salz (also eines Konservierungsmittels) eine Seele (das heißt Leben) enthielten, damit sie nicht verfaulten.

Für die Stoiker war es nicht weiter schwer, sich im Zentrum der Welt zu wähnen. Sie glaubten an eine das Universum durchwaltende Allvernunft, die sich in der menschlichen Vernunft spiegelt, an eine göttliche Macht, die uns ins Zentrum der Welt *gestellt* hat. Die anthropozentrische Perspektive resultiert aus einem theozentrischen Weltbild. Aus ihm bezieht sie ihre Legitimation. Ohne Gott, ohne kosmischen Plan, ohne Vorsehung, kann ein Anthropozentrismus nicht mehr plausibel vertreten werden. In einer entgötterten Welt gibt es kein Zentrum und entsprechend niemanden und nichts, das darin steht. Der säkularisierte, naturalisierte Mensch wird zu einem Organismus unter vielen anderen, besser dazu ausgerüstet vielleicht, die nichtmenschliche Umwelt seinen Zwecken dienstbar zu machen, aber nicht mehr in irgendeinem Sinne dazu *berechtigt*. Wir mögen zwar die *Macht* haben, mit anderen Lebewesen zu tun, was uns gefällt, aber wir haben die Basis verloren, auf der wir sagen könnten, es sei dies auch unser gutes *Recht*. Genausowenig allerdings läßt sich sagen, daß wir, wenn uns die legitimatorische Basis für unser Handeln fehlt, *kein* Recht darauf hätten zu tun, was uns gefällt. Etwas, was uns nicht ausdrücklich erlaubt ist, muß deshalb noch lange nicht verboten sein. Daß nichts erlaubt ist, schließt nicht aus, daß ebensowenig irgendetwas verboten ist. Gibt es keine Instanz, die uns selbst in den Mittelpunkt der Welt stellen könnte, dann auch keine, die etwas anderes dort hinstellen könnte. Auch Biozentrismus und Pathozentrismus verlangen, selbst wenn man sich dessen nicht immer bewußt ist, nach einer theozentrischen Fundierung.

Dennoch mag die Einsicht, daß uns niemand dazu ermächtigt hat, die Welt als unser alleiniges Eigentum zu betrachten und zu behandeln, ein wichtiger Schritt auf dem Weg zu einem behutsameren Umgang mit der nichtmenschlichen Natur sein. Denn wenigstens ist es uns jetzt nicht mehr möglich, durch den Verweis auf eine vermeintlich fest gefügte Weltordnung und die uns darin zugedachte Aufgabe die Verantwortung für unser Handeln von uns zu weisen. Vielleicht wird so auch der Blick frei für eine andere Art von Schönheit, eine Schönheit, die nichts mehr mit dem Nutzen zu tun hat, den die Gegenstände der Natur für uns haben, sondern gerade im Gegenteil aus ihrer Nutzlosigkeit entspringt, aus dem Umstand, daß sie ihrer Wesensbestimmung nach nur für sich da sind und allenfalls zufällig, aufgrund gänzlich kontingenter Umstände, auch für uns.

3.

Die süße stille Nacht des absoluten Todes

Viele Philosophen haben geglaubt, in der Welt eine gestaltende Kraft wahrnehmen zu können. Nicht der Zufall regiert die Welt, nicht blinde, mechanisch wirkende Kräfte, sondern ein Plan, in den alles, was geschieht, eingebunden ist. Nichts geschieht umsonst, alles hat einen Zweck. Gewöhnlich wurde angenommen, daß dieser Zweck mit den tiefsten Hoffnungen des Menschen übereinstimmt, daß doch alles letztlich zum Guten des Menschen eingerichtet sei. Heute, im Zeitalter des Neo-Darwinismus, sind die Philosophen eher geneigt anzunehmen, daß natürliche Prozesse überhaupt keinem Zweck unterliegen, weder im einzelnen noch in ihrer Gesamtheit. Das ist sicher keine sehr angenehme Vorstellung. Es könnte jedoch noch schlimmer sein, wenn es nämlich sehr wohl einen Zweck und ein Ziel gäbe, auf das hin das Weltgeschehen ausgerichtet ist, aber ganz anders, als wir uns dies erhoffen. Schon Schopenhauer meinte, daß sich ein *negativer* Zweck viel besser mit unseren tatsächlichen Erfahrungen vereinbaren lasse, da die Welt so schlecht eingerichtet sei, daß man kaum an einen Zufall glauben kann. Vielmehr darf man annehmen, daß das allgegenwärtige Leiden und die sichere Frustration all unserer Glücksbestrebungen eine innere Notwendigkeit besitzt. Wir sind nicht etwa da, um glücklich zu sein. Vielmehr sind wir da, *um* unglücklich zu sein.

Es war jedoch nicht Schopenhauer, sondern Philipp Mainländer (1841–1876), der diesen Gedanken einer negativen Teleologie radikalisierte und ins Zentrum seiner Metaphysik stellte. In seinem 1876 erschienenen, 1300 Seiten umfassenden Hauptwerk, der *Philosophie der Erlösung*, in der er nichts Geringeres beabsichtigte als eine wissenschaftliche Begründung des Atheismus, erklärte er die Entstehung und das Wesen der Welt aus dem Entschluß Gottes, sich selbst zu zerstören. Wohl gab es einmal, vor der Entstehung der Welt, einen Gott, so wie ihn sich die Philosophen zu denken pflegen: als einfache, in sich vollkommene, keinerlei Beschränkungen unterworfene und damit allmächtige Einheit, die sich dem Verständnis entzieht als etwas, das ganz anders ist als alles, was wir als seiend kennen, und deshalb als «überseiend» bezeichnet wird. Doch diese Einheit ist zerstört; sie existiert nicht mehr, weil sie sich aufgelöst hat in die Welt, sich zur Vielheit zersplittert hat: «Gott ist gestorben und sein Tod war das Leben der Welt.» So lehrt Mainländer schon vor Nietzsche den Tod Gottes, nur daß er nicht wie dieser der Auffassung ist, daß wir Menschen durch unser Handeln Gott getötet hätten. Vielmehr habe Gott sich selbst getötet. Denn die Selbstauflösung war die einzige freie Tat, die Gott logisch überhaupt möglich war, da er als vollkommenes Wesen nicht anders werden konnte, als er war, ohne seine Vollkommenheit zu schmälern. Die Welt konnte nur entstehen, weil Gott den freien Entschluß zur Selbstvernichtung faßte. Obwohl wir die Gründe für diesen Entschluß nicht verstehen, können wir doch immerhin soviel sagen, daß das Nichtsein wohl vor dem Übersein den Vorzug verdient hat. Wenn das aber richtig ist, warum gibt es dann überhaupt etwas und nicht vielmehr nichts?

Daß Gottes Entschluß, seiner vollkommenen Existenz ein Ende zu setzen, nicht unmittelbar das Nichts herbeigeführt hat, sondern die Entstehung der Welt zur Folge hatte, liegt daran, daß Gottes Allmacht an sich selbst eine Grenze finden mußte. Die Allmacht kann sich nicht selbst aufheben, jedenfalls nicht mit einem Schlag. Gott brauchte die Welt darum als Übergangsstadium, als Mittel zum Zweck des Nichtseins: «Gott erkannte, daß er nur durch das *Werden* einer realen Welt der Vielheit, nur über das immanente Gebiet, die Welt, aus dem *Uebersein* in das *Nichtsein* treten könne.» So ging Gott in die Welt über nicht als die einfache Einheit, die er war, sondern als eine bestimmte Kraftsumme, die sich dann mit der Zeit immer mehr erschöpft, bis nichts mehr von ihr (und damit von Gott) übrig ist und alles im Nichts endet. Das ist das wahre Ziel des Weltverlaufs, in dem Sinne, daß es das ist, worauf alles zustrebt. Die Welt bewegt sich unaufhörlich vom Sein zum Nichtsein, und alles, was geschieht, steht im Dienst dieser Bewegung.

Mainländer selbst findet das allerdings nicht sehr bedauerlich. Im Gegenteil: Er begrüßt als Quelle des Trosts die für viele doch zutiefst beunruhigende, ja geradezu erschreckende Aussicht, daß irgendwann buchstäblich nichts mehr bleiben wird, daß wirklich eines Tages *alles* zugrunde gehen wird. «Das *Schöne* ist der Reflex aus dem vorweltlichen Dasein, das *Gute* der kühle Schatten, den das nachweltliche Nirwana in den ‹schwülen Tag› des Lebens vorauswirft.» Für Mainländer ist das unvermeidlich kommende Nichts nur die Erfüllung einer tiefen Sehnsucht, die in allem Lebendigen schlummert, nämlich vom Dasein erlöst zu werden. Scheinen wir auch zunächst an unserem Leben mehr als an allem anderen zu hängen, scheinen wir – und alles Lebendige mit uns – auch ganz, mit Schopenhauer gesprochen, Wille zum Leben zu sein, so ist das, was uns regiert, doch in Wahrheit genau das Gegenteil, nämlich der Wille zum Tode. Wäre es anders, wie könnten wir dann sterben? Zwar klammern wir uns an das Leben, aber gerade dadurch verringern wir die Kraftsumme und arbeiten dem Tode zu. Überall, wohin man auch blickt, herrscht das Gesetz zunehmender Schwächung der vorhandenen Kräfte. (Darum nannte Ulrich Horstmann Mainländers Philosophie treffend eine «Metaphysik der Entropie», und zwar die einzige, die wir bis heute besitzen.) Schwächung ist schon der Übergang vom gasförmigen Zustand zum flüssigen und schließlich zum festen. Schwächung ist der Kampf der Individuen gegeneinander; Krieg und Zerstörung stehen in ihrem Dienst. Schwächung ist die Abfolge der Generationen. Anders als oft behauptet wird, bleibt die Natur nicht unverändert. Sie verändert sich sehr wohl, und zwar zum Schlechteren: sie wird alt.

Das Beste, was *wir* unter diesen Umständen tun können, ist nun nicht etwa, den unvermeidlichen, wenngleich noch fernen Untergang so gut es eben geht zu verzögern, sondern im Gegenteil mit allen Kräften an der Schwächung der Welt, an der Verringerung der Kraftsumme im Universum, mitzuwirken. Und das können wir am ehesten dadurch, daß wir für unsere eigene vollständige Selbstvernichtung sorgen. Eine *vollständige* Selbstvernichtung kann aber nur gelingen, wenn wir nichts von uns selbst weitergeben, das heißt, wenn wir darauf verzichten, Nachkommen zu erzeugen. Denn durch Zeugung leben wir weiter, indem wir die Idee, die unser innerstes Wesen ausmacht, auf einen anderen Körper übertragen. Unsere Wesensform überlebt in unseren Kindern. Darum ist das, was es zu erreichen gilt, nicht, unseren *Körper* zu vernichten (der in kurzer Zeit von selbst zugrunde gehen wird), sondern die *Idee*, die in ihm steckt. «Vor dem Geiste des Denkers steigt, strahlend und leuchtend, aus der Tiefe des Herzens *der reine Zweck des Daseins* empor, während das Mittel [das heißt das Leben] ganz verschwindet. Nun erfüllt das erquickende Bild ganz seine Augen und entzündet seinen Willen: machtvoll lodert die Sehnsucht nach dem Tode auf, und ohne Zaudern ergreift der Wille, in moralischer Begeisterung, das *bessere* Mittel zum erkannten Zweck, die *Virginität*. Ein solcher Mensch ist die einzige Idee in der Welt, welche den *absoluten Tod*, indem sie ihn will, auch erreichen kann.»

Warum aber sollten wir, wenn uns die vollständige Vernichtung schon nicht erspart bleibt, auch noch auf sie hinwirken? Sollten wir uns nicht eher gegen die fortschreitende Zerstörung und allmähliche Auflösung des Seins zur Wehr setzen und das Leben verteidigen? Sollten wir uns nicht darum bemühen, eine bessere Welt zu schaffen, in der wir uns nicht mehr gegenseitig bekämpfen und in der es kein Leid mehr gibt? Vielleicht kann man ja die Vernichtungstendenz bremsen, vielleicht sogar anhalten, ja womöglich sogar umkehren. Doch selbst wenn dies möglich wäre (was Mainländer für ausgeschlossen hält, da alles Sein, und damit eben auch das menschliche, dem göttlichen Sein entstammt und darum wie dieses notwendig zum Nichtsein strebt): Wir hätten gar nichts davon, denn es gibt im Leben nichts, was zu bewahren sich lohnen würde. Selbst wenn es uns gelänge, eine ideale, sorgen- und leidfreie Welt zu schaffen, einen perfekten Staat, ein Paradies auf Erden, so würde unser Leben dadurch doch nichts gewinnen, weil wir in einer solchen Welt vor lauter Langeweile schier umkommen würden. «Die Noth ist ein schreckliches Uebel, die Langeweile aber das schrecklichste von allen. Lieber ein Dasein der Noth, als ein Dasein der Langeweile, und daß schon jenem die völlige Vernichtung vorzuziehen ist, muß ich gewiß nicht erst nachweisen. Und so hätten wir zum Ueberfluß noch indirekt gezeigt, daß das Leben im besten Staate unserer Zeit werthlos ist. Das Leben überhaupt ist ein ‹elend jämmerliches Ding›: es war immer elend und jämmerlich und wird immer elend und jämmerlich sein, und *Nichtsein ist besser als Sein*.»

Der Urgrund jeglicher Moral ist die Erkenntnis, daß Nichtsein besser ist als Sein oder, was das selbe ist, daß «das Leben die Hölle, und die süße stille Nacht des absoluten Todes die Vernichtung der Hölle ist.» Beweggrund der Moral ist letztlich immer die Liebe zum Tod. Im moralischen Handeln wird diese Liebe praktisch, am deutlichsten im Verzicht auf die Fortpflanzung, die für Mainländer noch mit sexueller Keuschheit zusammenfällt. Wer zeugt, wird auch im individuellen Tod keine Erlösung finden. Und mehr noch: Er begeht eine verbrecherische Handlung, indem er einige «wenige Minuten der Wollust» erkauft «mit den Qualen, die ein fremdes Wesen vielleicht 80 Jahre lang erdulden muß». Niemand braucht den Tod zu fürchten, und wer das Leben nicht mehr aushält, der mag sich ohne Bedenken aus ihm verabschieden. Weder moralische noch Klugheitsgründe sprechen dagegen. «Geht ohne Zittern, meine Brüder, aus diesem Leben hinaus, wenn es zu schwer auf euch liegt: ihr werdet weder ein Himmelreich, noch eine Hölle im Grabe finden.»

Auf Philipp Mainländer muß das Leben wohl zu schwer

gelegen haben, denn am 1. April 1876, einen Tag, nachdem er die Belegexemplare des ersten Bandes seiner *Philosophie der Erlösung* erhalten hatte, fand man ihn erhängt in seinem Zimmer. Er hatte keine Kinder.

4.

Das Glück des Gerechten

Zahlt es sich aus, in allen Dingen stets gerecht zu sein? Oder ist es eher von Nachteil? Gerecht zu sein, das bedeutet doch, niemanden zu betrügen oder zu übervorteilen, nie sich selber mehr zu nehmen oder zuzuteilen als einem zusteht, sondern stets dem anderen das zu lassen, was ihm gehört oder gebührt. Kurzum, es bedeutet, sich an die Spielregeln zu halten, und zwar selbst dann, wenn es niemandem auffallen würde, hielte man sich einmal nicht daran. Ungerecht hingegen ist derjenige, der sich nur solange an die Spielregeln hält, wie es ihm nützt, und diese bricht, wenn es ihm nicht mehr nützt. Auf diese Weise kann er seinen Nutzen maximieren, zumal dann, wenn die anderen Mitspieler weiterhin streng den Regeln folgen. Wer ungerecht ist, profitiert also von der Gerechtigkeit der anderen. Darum, so scheint es, ist man immer, wie es anschaulich heißt, der «Geleimte», wenn man in einer ungerechten Welt gerecht bleibt, also sich an die Regeln hält, während die meisten anderen es nicht tun. Wer keine Skrupel hat, der scheint im Leben ganz einfach die besseren Karten zu haben. Man müßte schon ziemlich weltfremd sein, um etwas anderes zu glauben, und ziemlich dumm, um dennoch selbst gerecht zu bleiben.

Genau dieselbe Auffassung vertrat vor ungefähr 2400 Jahren auch schon der Sophist Thrasymachos, den Platon (427–347 v. Chr.) als Gesprächspartner des Sokrates in seinem *Staat* auftreten läßt. Der Gerechte, meinte er, sei in jeder Hinsicht schlechter gestellt als der Ungerechte. Die höchste Ungerechtigkeit verspreche auch das höchste Glück, denn je ungerechter einer sei und je mehr es in seiner Macht stehe, ungerecht zu sein, desto glücklicher sei er auch. Darum würde jeder es vorziehen, ungerecht zu sein, wenn er nur darauf vertrauen könnte, ungestraft zu bleiben: «Denn nicht aus Furcht, Ungerechtes zu tun, sondern zu leiden, schimpft die Ungerechtigkeit, wer sie schimpft.» Nur wer nicht genügend Mut oder Macht hat, sich ohne Rücksicht auf andere zu nehmen, was er will, der wird nach Gerechtigkeit rufen und auf ein Gesetz aus sein, das ihn so weit wie möglich vor Ungerechtigkeit schützt. Wer hingegen andere und das Gesetz nicht zu fürchten braucht, ist ungerecht, wo er nur kann. Natürlich kann es auch für den Ungerechten von Vorteil sein, gerecht zu *scheinen*, weil er auf diese Weise auch das Lob und die Achtung erhält und bewahrt, die (von den Schwachen) dem entgegengebracht wird, der für gerecht gehalten wird. Aber gerecht zu *sein*, das kann niemand – wenn er weiß, was für ihn gut ist – ernstlich wünschen.

Thrasymachos spricht hier deutlich aus, was wohl viele, heute wie damals, heimlich denken. Eine unerhörte Provokation liegt darin, eine Herausforderung, die das ganze Projekt der Moral in Frage stellt, insofern dieses nun als eine bloße Verschwörung der Schwachen erscheint, dessen einziger Zweck darin besteht, dem Starken Fesseln anzulegen. In Wahrheit aber steht der Starke über der Moral; er braucht sie nicht, hat keinen Nutzen von ihr und tut deshalb gut daran, sich nicht weiter um sie zu kümmern.

Im platonischen Dialog ist Sokrates bereit, sich dieser Herausforderung zu stellen: Der Gerechte, sagt er, ist immer der Glücklichere. Diese Behauptung plausibel zu machen, wird Sokrates allerdings nicht leicht gemacht. Als Thrasymachos schon längst von der Bühne verschwunden ist, nimmt Platons Bruder Glaukon den Gesprächsfaden wieder auf und bittet den Sokrates, der Sache der Gerechtigkeit ein für alle Mal zum Sieg zu verhelfen. Es muß und soll gezeigt werden, daß die Gerechtigkeit erstrebenswert sei, und zwar *an sich* erstrebenswert, das heißt also nicht wegen der Ehren, die sie möglicherweise einbringt, oder wegen der negativen Sanktionen, die der Ungerechte nicht ganz ausschließen kann. Gezeigt werden soll also, daß das Gerechtsein selbst dann noch erstrebenswert, mithin ein Gut ist, wenn dem Gerechten gar kein äußerer Lohn winkt, noch der Ungerechte irgendeine Bestrafung zu fürchten braucht. Wir müssen uns dazu den Ungerechten als jemanden vorstellen, der kein Gesetz achtet und immer nur nach seinem eigenen Vorteil handelt, ohne daß je irgendjemand davon erfährt. Vielmehr wird er sogar überall im Ruf höchster Gerechtigkeit stehen. Ein solcher Mensch wäre vollendet ungerecht, denn «die höchste Ungerechtigkeit ist, daß man gerecht scheine, ohne es zu sein.» Von dem Gerechten aber müssen wir annehmen, daß er zwar gerecht sei, zugleich aber allen zuhöchst ungerecht erscheine. Täten wir dies nicht, bliebe nämlich unklar, ob er nur deshalb gerecht ist, weil ihm daran gelegen ist, für gerecht *gehalten* zu werden, oder tatsächlich deshalb, weil es ihm um das Gerecht*sein* selbst zu tun ist. Wenn wir uns also den Ungerechten als einen vorstellen, der, obschon völlig skrupellos, von allen für den besten aller Menschen gehalten wird, und daneben den Gerechten als einen, der, obschon tatsächlich in all seinen Handlungen vollkommen untadelig, von allen für einen Erzschurken gehalten und entsprechend behandelt wird («gegeißelt, gefoltert, gefesselt, geblendet an beiden Augen, und zuletzt, nachdem er alles mögliche Übel erduldet, auch noch gepfählt»), würde man dann immer noch sagen können, daß der Gerechte es trotz allem besser getroffen habe als der Ungerechte?

Sokrates aber bleibt bei seiner Auffassung: Unter allen, auch den schlimmsten, Umständen müsse der Gerechte stets für glücklicher gehalten werden als der Ungerechte. Als Nachweis dient ihm eine Analyse der Gerechtigkeit, also dessen, was es eigentlich heißt, gerecht zu sein. Dabei zeigt sich, daß gerecht zu sein in erster Linie nicht etwa bedeutet, in bestimmter Weise zu *handeln*, sondern vielmehr, sich in einem bestimmten *Seelenzustand* zu befinden. Die Seele bestehe nämlich aus drei Teilen, einem vernünftigen (*logistikon*), einem diesem entgegen gesetzten begehrenden (*epithymetikon*) und schließlich einem zwischen beiden liegenden Teil, dessen griechische Bezeichnung, *thymos*, sich nur schwer übersetzen läßt, vielleicht am besten noch als «Herz» (wie in der Wendung «sich ein Herz nehmen»). *Thymos* bedeutet soviel wie Beherztheit, emotionale Erregbarkeit und die Bereitschaft zum Kampf, aber auch Ehrliebe: Es ist die Quelle der moralischen Gefühle. Wenn nun diese drei Teile sich so zueinander verhalten, daß das Vernünftige, wie es ihm angemessen ist, mit Hilfe des Herzens das Begehrungsvermögen im Zaum hält, dann und nur dann ist die Seele gerecht. Man muß sich die Seele etwa so vorstellen, als verberge sich hinter der äußeren Hülle eines Menschen erstens ein gewaltiges, vielgestaltiges Tier, zweitens ein Löwe und drittens ein Mensch. Gerecht sei dieses Wesen dann, wenn der innere Mensch mit der Unterstützung des Löwen das vielgestaltige Tier so regiere, daß sie alle «untereinander und mit ihm selbst befreundet» sind und in Eintracht mit einander existieren können. Wenn so alles in ein harmonisches Verhältnis zueinander gebracht ist und damit alles so ist, wie es sein soll, das heißt, wie es der Natur der Teile angemessen ist, dann wird gleichsam das, was zunächst nur so aussah wie ein Mensch, tatsächlich und wahrhaft menschlich. Die Ungerechtigkeit hingegen ist jener Zustand der Seele, in dem das Begehren die Vernunft beherrscht, was der Natur beider widerspricht. Eine solche Seele ist krank, so wie ein Körper krank ist, wenn das natürliche Verhältnis seiner Teile gestört ist.

Daß nun eine solche kranke Seele nicht im Ernst glücklich genannt werden kann, zeigt sich schon an ihrer Unfreiheit. Das, was den Menschen eigentlich ausmacht, nämlich seine Vernunft, wird beim Ungerechten zum Sklaven der Leidenschaft. Der Ungerechte ist ein Spielball seiner Begierden; er folgt willenlos dem vielgestaltigen Tier in ihm, anstatt diesem die Richtung zu weisen. Niemals tut er das, was *er* will, sondern immer nur das, was das Tier in ihm will. Und wer bei einer solchen unfreien Beschaffenheit der Seele auch noch das Pech hat, durch keine äußeren Umstände gezwungen zu sein, seine Begierden im Zaum zu halten, der ist am unglücklichsten von allen. Er vermag seine Begierden nicht einmal wirklich zu stillen, denn das vielgestaltige Tier in ihm ist unersättlich und verlangt immer nur nach mehr. So hastet er, anstatt irgendwann inneren Frieden zu finden, ruhelos umher, kennt dabei weder Freiheit noch wahre Freundschaft. In Gemeinschaft mit niemandem lebend muß er sich überall von Feinden umgeben wähnen und kann keinem trauen. Die Furcht und die Schmerzen ruhelosen Begehrens sind seine ständigen Begleiter. Hinzu kommt, daß die Lust, die derjenige empfindet, der nur nach seinen Begierden lebt, von weit geringerer Qualität ist als die Lust, die aus der Betätigung der anderen beiden Seelenteile entspringt. Denn wer die Lust ehrenvollen Handelns kennt, wird dieser den Vorzug geben vor der Lust, die aus der vorübergehenden Stillung eines Begehrens resultiert. Erst recht aber wird, wer einmal die Lust genossen hat, ganz nach seiner Vernunft zu leben und sich allein der Betrachtung des Wahren zu widmen, jede andere Lust gering schätzen. Tatsächlich ist es nämlich nur scheinbar lustvoll, ein Begehren zu stillen. Denn etwas zu begehren, bedeutet doch, einen Mangel zu empfinden und zwar als schmerzlich. Wer begehrt, der leidet unter der Abwesenheit des Begehrten. Ist das Begehren gestillt, so ist der Schmerz beseitigt; wir sind, wenigstens für einen kurzen Augenblick, frei von Unlust. Aber die Freiheit von Unlust, die Abwesenheit von Schmerzen, ist selbst noch keine Lust, sondern nur deren Schattenbild. Sie ist nichts Positives, sondern nur ein Mittleres zwischen Lust und Unlust, das nur vor dem Hintergrund der Unlust als lustvoll erscheint, vor dem Hintergrund der Lust hingegen als unangenehm. Die wahre, nicht mit Unlust durchmischte Lust ist demjenigen vorbehalten, in dessen Seele die rechte Ordnung herrscht, das heißt, dem Vernünftigen, Weisheitsliebenden. Dieser ist aber auch der Gerechte, denn wer nach der Vernunft lebt, weiß, daß das einzige Gut, das es zu besitzen lohnt, die Wohlgeordnetheit der eigenen Seele ist, also darin besteht, im Einklang mit sich selbst zu leben.

Freilich wird auch der Gerechte nicht immer glücklich sein,

wenn das Schicksal ihm übel mitspielt. Aber was auch immer ihm geschieht: Vor dem Schlimmsten, was einem Menschen geschehen kann, ist er sicher. Denn das Allerschlimmste ist, eine ungerechte, mit sich selbst im Streit liegende Seele zu haben. Das Beste aber, was dem Ungerechten passieren kann, ist erkannt und bestraft zu werden, da nur so, wenn überhaupt, seine Seele gesunden kann. Wer ungerecht ist, ohne es zu scheinen, ist darum der Unglücklichste von allen.

5.

Wer Tugend will, muß Eicheln essen

Wenn die Menschen nur besser wären als sie sind, weniger selbstsüchtig, gierig und eitel, weniger auf ihr eigenes Fortkommen und ihr eigenes Wohl bedacht, bescheidener und zufriedener mit dem, was sie haben: in was für einer Welt könnten wir leben! So klagen wir oft über den desolaten Zustand der Moral und den alles beherrschenden Egoismus und denken dabei, daß nur unsere eigene Schlechtigkeit uns letztlich daran hindert, aus dieser Welt ein Paradies auf Erden zu machen.

In was für einer Welt aber würden wir wohl tatsächlich leben, wenn wir all unsere schlechten Eigenschaften, all unsere Laster, hinter uns ließen (vorausgesetzt, daß wir es überhaupt könnten)? Vielleicht wäre es ein Paradies, aber wäre es auch eines, in dem wir uns auf Dauer aufhalten wollten? Wenn wir uns die Menschen besser wünschen, stellen wir uns vor, was wir alles gewinnen würden, wenn nicht mehr jeder hauptsächlich nur an sich selbst dächte, und vergessen dabei ganz, daß wir unweigerlich auch manches verlieren würden, von dem wir wiederum einiges vielleicht doch lieber behalten möchten. Wir übersehen allzu leicht, daß das Übel, das wir beklagen, eine notwendige Voraussetzung unseres Wohlstands und der damit verbundenen vielen Annehmlichkeiten des Lebens ist. Über die Unmoral zu klagen, aber dabei doch weiter mit der größten Selbstverständlichkeit ihre Früchte zu genießen, wird damit bestenfalls zur Kurzsichtigkeit, schlimmstenfalls zur Heuchelei.

Schon vor dreihundert Jahren hat der gebürtige Holländer und praktizierende Arzt Bernard Mandeville (1670–1733) in seiner *Bienenfabel* zur großen Empörung seiner Zeitgenossen diese Heuchelei aufs Korn genommen und ausführlich dargelegt, daß es schlichtweg unmöglich sei, «alle die großartigen Annehmlichkeiten des Lebens zu genießen, die man in einer fleißigen, wohlhabenden und mächtigen Nation antrifft, und gleichzeitig mit aller Tugend und Unschuld gesegnet zu sein, die man sich von einem Goldenen Zeitalter nur wünschen kann.» Tatsächlich könne es überhaupt keine Gesellschaft geben, geschweige denn eine wohlhabende, ohne das, «was wir das Übel in der Welt nennen». Mandeville denkt dabei vor allem an natürliche Übel: den Mangel und die Not, die wesentliche Bedürftigkeit des Menschen, die ihn dazu zwingt, die Gemeinschaft mit anderen Menschen zu suchen und sich mit ihnen zu einer Gesellschaft zu verbinden. Aber auch das moralische Übel sei für die Gesellschaft konstitutiv. Beides, natürliches und moralisches Übel, mache uns erst zu geselligen Wesen und bilde den sicheren «Grund, das Leben und die Stütze aller Berufe und Tätigkeiten ohne Ausnahme» sowie den wahren Ursprung aller Wissenschaften und Künste. Wenn eine gut funktionierende Gesellschaft und allgemeiner Wohlstand etwas Gutes sind, dann, so Mandeville, entsteht Gutes aus dem Bösen wie das Küken aus dem Ei.

Obwohl Mandeville beteuerte, daß sein 1714 in London erschienenes Buch «von ernster und hoher Moral» sei, galt es bald europaweit als «teuflische Schöpfung» (Herder). Sein Autor wurde als Atheist, Feind der Tugend und des Glaubens, als Unterwanderer der Moral geschmäht und bekämpft. Sein Name wurde zu Mandevil verballhornt, um seinem Ruf als Teufel in Menschengestalt nachzuhelfen, und folgerichtig ließ Papst Pius VI. die Schrift 1745 auf den Index verbotener Bücher setzen. Was aber hatte Mandeville getan oder vielmehr gesagt, um die Zeitgenossen so gegen sich aufzubringen?

Zunächst einmal glaubte Mandeville nicht an die von Shaftesbury und anderen vertretene Ansicht, daß die Menschen von Natur aus gut seien. Zwar kennen sie durchaus altruistische Gefühle, Mitleid und Liebe, aber diese sind situationsabhängig und reichen gewöhnlich nicht aus, um die

Selbstsucht auf Dauer zu verdrängen oder gar zu besiegen. Jedem Menschen ist es natürlich, zunächst einmal nach seinem eigenen Vorteil zu streben, und das bleibt auch so, gleichgültig, wie sehr man sich darüber aufregt und was man auch dagegen unternimmt. Das einzige, was man tun kann, ist den Eigennutz in die rechten, dem Gemeinwohl dienlichen Bahnen zu lenken. Das geht aber nur, indem man Anreize schafft. So haben kluge Politiker die Begriffe der Ehre und der Schande eingeführt, um die Menschen leichter führen zu können und sie dazu zu bringen, das Gemeinwohl zu fördern. Die sittlichen Tugenden sind «politische Abkömmlinge einer Kreuzung von Schmeichelei und Eitelkeit.» Es ist also nach Mandeville nicht so, daß es gute und schlechte, ehrenvolle und schändliche Handlungen einfach so gibt, also gleichsam von Natur aus. Vielmehr ist die Bewertung, die sich in diesen Begriffen äußert, eine menschliche Erfindung, die der Verhaltenslenkung zugunsten des allgemeinen Wohls dient. Denn alle profitieren vom Gemeinsinn, den zu beweisen das Gefühl der Ehre (das heißt der Selbstachtung und des Wunsches, von anderen geachtet und bewundert zu werden) uns abverlangt. Daß uns aber überhaupt an der Ehre liegt, ist nur der Eitelkeit zu verdanken, also einer Eigenschaft, die in der christlichen Tradition als Todsünde gilt. Denn wären wir weniger eitel, wäre uns das Urteil der anderen gleichgültig.

Der Eitelkeit im Staat kommt aber noch eine andere wichtige Rolle zu. Ohne Eitelkeit und verwandte Regungen wie Neid und Ruhmsucht gäbe es nicht nur keine Tugend, sondern auch die Wirtschaft würde völlig zusammenbrechen. Damit wäre auch der Wohlstand, an den wir uns so gewöhnt haben, dahin. Politiker rufen uns ständig auf, unser Geld auszugeben. Der Niedergang der deutschen Wirtschaft, so wird vielfach geklagt, sei nur unserer wachsenden Kaufunlust zu verdanken, was angesichts der Tatsache, daß die meisten von uns praktisch pausenlos Dinge erwerben, die sie gar nicht wirklich brauchen, eine gewisse Ironie hat. Der permanente Kaufrausch ist so sehr Teil unserer Lebensform, daß man schon Entzugserscheinungen hat, wenn man einmal nichts kaufen kann. Und doch sollen wir immer noch mehr kaufen, als wir es ohnehin schon tun. Aber stellen wir uns einmal vor, was geschähe, wenn wir uns tatsächlich nur noch auf den Kauf dessen beschränkten, was wir wirklich zu einem zufriedenen Leben brauchen. Die Modegeschäfte müßten schließen, die Textilindustrie ginge bankrott. Man bräuchte kaum noch neue Häuser oder Möbel, keine Autos, geschweige denn all das, was heute von der, im weitesten Sinne verstandenen, Unterhaltungsindustrie produziert wird. Die Wirtschaft und damit unser aller Wohlstand lebt von der, wie Mandeville es nennt, «noblen Sünde Verschwendung». Selbst wenn wir nur aufhören würden, Alkohol und Zigaretten zu konsumieren und Millionen durch Glücksspiele zu verschleudern, würden nicht nur viele, die damit ihren Lebensunterhalt verdienen, arbeitslos werden, sondern auch dem Staat beträchtliche und kaum verzichtbare Steuereinnahmen verloren gehen, die anderswo eingespart werden müßten, so daß es uns am Ende allen zum Nachteil gereicht.

Die Gefahr, daß wir alle vernünftig werden, ist allerdings nicht sehr groß, weil uns einfach die Selbstgenügsamkeit fehlt, so sehr wir sie uns manchmal auch wünschen. Die Reize, die wir überreichlich angeboten bekommen, sind einfach zu vielfältig und zu stark: Wir können ihnen nicht widerstehen. Der Markt verführt uns immer wieder aufs neue mit seinen Glücksversprechen. Wenn etwas da ist, dann wollen wir es auch haben, solange wir hoffen dürfen, daß dadurch unser Leben besser wird, vom DVD-Player bis zum Designer-Baby. Und wann hoffen wir das nicht? Eitelkeit, Neid und Gier treiben uns voran. «Pleonexia» nannten das die Griechen: das ständige Mehrhabenwollen, das die Wirtschaft für sich ausnutzt und den meisten von uns damit ein recht bequemes, wenn auch nicht sonderlich aufregendes Leben beschert. Dasselbe Mehrhabenwollen treibt uns zur Arbeit an. Aus Selbstsucht schaffen wir Kapital, das letztlich auch anderen zugute kommt. «So nährte Laster den Verstand, der sich mit Fleiß und Zeit verband, und schuf des Lebens Überfluß, Komfort, Vergnügen und Genuß, so reich, daß heut die Armen eben viel besser als einst Reiche leben. Nichts fehlt, wonach sich lohnt zu streben.»

Den Charakter bildet das nicht gerade. Also müssen wir uns entscheiden, was wir wollen. Edlere, charakterstarke Menschen, frei von Ehrgeiz und Gier, die sich nicht beliebig manipulieren lassen, Dinge zu begehren, die sie nicht brauchen und die sie letztlich auch nicht glücklicher machen. Oder aber Wohlstand und Freiheit. Denn auch die Freiheit verdirbt den Charakter. Wollen wir Freiheit, müssen wir diesen Preis zahlen. Wollen wir ihn hingegen nicht zahlen, müssen wir die Freiheit einschränken. Der sogenannte real existierende Sozialismus hat diese Einsicht, die wir schon bei Platon finden können, beherzigt. Heute tun es die islamistischen Staaten. Aber es war Mandeville, der sie in seiner *Bienenfabel* erstmals in aller Deutlichkeit formuliert hat: «Will man aber eine genügsame und ehrenhafte Gesellschaft, so ist die beste Politik, die Menschen in ihrer natürlichen Einfachheit zu erhalten und sich zu bemühen, ihre Anzahl nicht zu erhöhen; man mache sie nie mit Fremdem oder Luxusgegenständen bekannt, sondern entferne alles, was Wünsche in ihnen wecken oder ihren Gesichtskreis erweitern könnte.» «Wollt ihr Betrug und Luxus verbannen, Gottlosigkeit und Unglauben verhindern und die große Mehrheit des Volkes mildtätig, gut und tugendhaft machen, so zerstört die Druckereien, schmelzt die Lettern ein und verbannt alle Bücher im Lande, außer denen in den Universitäten, wo sie ohnehin unberührt bleiben, und duldet in privatem Besitz kein anderes Buch als die Bibel; zerstört den Außenhandel, verbietet allen Austausch mit Fremden und laßt kein Schiff in See stechen, das jemals zurückkehren will und größer ist als ein Fischerboot. (...) Stellt Luxus unter Strafe, härtet eure Jugend ab und pflanzt ihr alle die hübschen und höchst edlen Vorstellungen von Ehre und Schande, von Freundschaft und Heldentum ein und lockt sie mit einer großen Zahl von immateriellen Belohnungen.»

Das liest sich wie ein Leitfaden für den modernen Glaubenskrieger. Aber Mandeville war alles andere als ein Glaubenskrieger. Er versuchte nur, die Dinge (und die Menschen) so zu sehen, wie sie sind, und nicht von falschen Prämissen auszugehen. Das Schlechte zu sehen, und zwar durchaus *als* etwas Schlechtes, und doch zugleich auch den Nutzen zu sehen, den es mit sich bringt. «So kann auch Laster nützlich sein, schränkt das Gesetz es weise ein, ja, will das Volk nach Größe streben, muß es im Staat auch Sünde geben, wie's Hunger braucht zum Überleben. Allein von Tugend kann auf Erden kein Staat groß, reich und mächtig werden. Wollt ihr die Goldnen Zeiten wieder? Da aß man Eicheln und war bieder.»

6.

Das Gefangenendilemma

Vielleicht hatte Mandeville recht und es schadet dem allgemeinen Wohl nicht, ja kommt diesem sogar zugute, wenn jeder nur auf seinen eigenen Vorteil aus ist. Jedenfalls dann, wenn man unter allgemeinem Wohl materiellen Wohlstand versteht. Daraus sollte aber nicht geschlossen werden – was Mandeville freilich auch nicht getan hat –, daß es keinen Unterschied mehr gibt zwischen einem konsequent nur die eigenen Interessen verfolgenden Handeln und einem Handeln, das sich auch vor dem strengen Richterstuhl der Moral rechtfertigen läßt. Zweifellos können wir oft das tun, was wir als moralisch richtig empfinden, ohne dabei uns selbst zu schaden bzw. auf einen Vorteil zu verzichten, aber leider haben wir nicht immer dieses Glück – es sei denn, wir schließen uns Platons Auffassung an, daß nur der Gerechte wirklich glücklich sein kann und somit letztlich immer nur das moralisch richtige Handeln dem wohlverstandenen Eigeninteresse dient. Aber auch dann gilt noch, daß wir, um unserer moralischen Verantwortung zu genügen, zuweilen darauf verzichten müssen, etwas zu tun, das uns im Augenblick sehr vorteilhaft erscheint – wie zum Beispiel uns aus finanziellen Schwierigkeiten zu befreien, indem wir jemanden bestehlen.

Lassen wir nun aber einmal, wie es Thrasymachos gefordert hat, alle moralischen Rücksichten außer acht und tun so, als gäbe es sie nicht oder als hätten sie keine Bedeutung für uns. Fragen wir uns statt dessen nur, was für uns in einer bestimmten Situation, gemessen an unseren Zielen, zu tun das Klügste wäre. Um diese Frage zu beantworten, brauchen wir in der Regel keine Theorie des guten Lebens und ganz sicher kein moralisches Bewußtsein. Wir müssen lediglich fähig zur

Anwendung instrumenteller Vernunft sein, das heißt wir müssen in der Lage sein, zur Erreichung eines vorgegebenen Ziels die geeigneten Mittel zu bestimmen. Nennen wir ein Verhalten, das in dieser Weise zielorientiert ist, *rational*. Wenn es beispielsweise mein Ziel ist, das Geld meiner Tante zu erben und zwar möglichst schnell, und mir dies, nach allem, was ich weiß, am ehesten gelingt, wenn ich ihrem Tod ein wenig nachhelfe, dann verhalte ich mich genau dann rational, wenn ich ihrem Tod auch tatsächlich nachhelfe. Nicht rational wäre es hingegen, moralische Bedenken zu haben und deshalb bei der Entscheidung, was ich tun soll, auch Rücksicht auf die Interessen meiner Tante zu nehmen. Diese Art von Rationalität macht mich zwar nicht sonderlich sympathisch, aber wenigstens erspare ich mir auf diese Weise manches Entscheidungsproblem und bekomme vor allem öfter, was ich will. Denn wer stets rational entscheidet, wird zwar nicht immer das moralisch Richtige tun (und auch nicht unbedingt das, was ihn letztlich am glücklichsten macht), aber er wird stets das tun, was ihm, im Hinblick auf die Ziele, die er nun einmal hat, am meisten nützt.

So sollte man wenigstens denken. Merkwürdigerweise aber ist das gar nicht immer der Fall. Zuweilen ist es nämlich, paradox formuliert, gar nicht rational, sich rational zu verhalten. Gerade wenn wir uns allein an unserem eigenen Vorteil orientieren, kann es passieren, daß das Ergebnis, das wir erzielen, schlechter ausfällt als es gewesen wäre, wenn wir *nicht* ausschließlich nur für uns selbst hätten sorgen wollen. Und zwar fällt es nicht etwa zufällig schlechter aus, sondern gerade *weil* wir nur unseren eigenen Vorteil im Auge hatten. Solche Situationen, in denen die Orientierung am Eigeninteresse dem Eigeninteresse selbst zuwiderläuft, werden im Rahmen der Spieltheorie meist unter dem Namen «soziale Dilemmata» diskutiert. Der bekannteste Typ eines sozialen Dilemmas ist das sogenannte Gefangenendilemma, das um 1950 von Merrill Flood und Melvin Dresher entwickelt wurde und von Albert Tucker seinen Namen erhielt. Das Gefangenendilemma erwächst aus dem folgenden Szenario:

Zwei Personen, nennen wir sie Jim und Eddie, die angeklagt sind, gemeinsam ein Verbrechen begangen zu haben, sitzen in Untersuchungshaft, und zwar in getrennten Zellen. Sie können nicht miteinander kommunizieren. Der Staatsanwalt macht nun Jim folgendes Angebot (das, wie er durchblicken läßt, er auch Eddie gemacht hat oder machen wird): Wenn Jim das gemeinsame Verbrechen gestehe, während Eddie es leugne, komme Jim frei und Eddie für *fünf* Jahre hinter Gitter. Schweige er hingegen und Eddie sage aus, komme Eddie frei und Jim müsse fünf Jahre lang ins Gefängnis. Gestünden *beide*, erhielten beide eine Strafe von *vier* Jahren. Wenn sie aber beide *schwiegen*, dann erhielten beide, aufgrund der unzureichenden Beweislage, nur eine Strafe von *zwei* Jahren. Das Problem für Jim besteht nun darin, daß er nicht weiß, wie Eddie sich entscheiden wird, und er auch keine Möglichkeit hat, es herauszufinden. Und selbst wenn er ihn fragen und sich mit ihm absprechen könnte, könnte er nicht sicher sein, daß Eddie sich, wenn es darauf ankommt, auch tatsächlich an die Absprache halten wird. Für Eddie gilt natürlich das gleiche. Wenn beide tatsächlich sicher sein könnten, daß auch der andere den Mund hält, dann wäre es klarerweise am klügsten, nicht auszusagen. Da aber keiner von beiden des anderen sicher sein kann, ist es für beide am klügsten, die Tat zu gestehen. Denn wenn Eddie gesteht, dann erhält Jim eine Strafe von vier Jahren, sofern er ebenfalls gesteht, aber fünf Jahre, wenn er nicht gesteht. Schweigt Eddie hingegen, dann erhält Jim überhaupt keine Strafe, wenn er gesteht, aber eine Strafe von zwei Jahren, wenn er nicht gesteht. In beiden Fällen also, egal ob Eddie gesteht oder nicht gesteht, tut Jim gut daran auszusagen, denn im ersten Fall wird er nur mit vier statt mit fünf Jahren bestraft, und im zweiten Fall überhaupt nicht statt mit zwei Jahren. Gleiches gilt natürlich für Eddie. Wenn nun beide klug sind, werden sie auch die gleichen Überlegungen anstellen und zu dem gleichen Ergebnis kommen, nämlich die Tat zu gestehen. Für beide scheint dies nämlich die einzig rationale Entscheidung zu sein. Das führt dann allerdings merkwürdigerweise dazu, daß beide für vier Jahre eingesperrt werden, was angesichts der Tatsache, daß die höchste Priorität für beide war, möglichst wenig Zeit im Gefängnis zu verbringen, nicht gerade als optimales Ergebnis zu bezeichnen ist. Denn hätten sie beide geschwiegen, dann wären beide mit zwei Jahren davongekommen. Die konsequente Orientierung am Eigeninteresse stellt sich hier also gleichsam selbst ein Bein.

Eine solche Situation mag arg konstruiert wirken, aber sie ist nicht so wirklichkeitsfremd, wie es zunächst scheinen mag. Ein gutes Beispiel für ein strukturgleiches und nur allzu wirkliches Dilemma ist der Rüstungswettbewerb, der die Welt mehrere Jahrzehnte lang in Atem gehalten hat. Das sogenannte Wettrüsten schien vielen ein einziger Wahnsinn zu sein, eine gefährliche Dummheit, und das war es auch. Aber zwischen zwei Staatenblöcken, die sich gegenseitig als Bedrohung wahrnahmen und einander mißtrauten, war kaum etwas anderes möglich. Denn beide Parteien mußten damit rechnen, daß der jeweilige Gegner sich an keine Abmachung halten würde, sofern ihm ein Bruch der Abmachung nützen würde. So konnten sich die Amerikaner etwa sagen: Wenn wir weiter hochrüsten und die Russen tun es auch, dann ist das zwar nicht besonders gut, weil die Gefahr eines Krieges wächst – oder jedenfalls im Fall eines Krieges der Schaden (entsprechend vier Jahren Gefängnis für beide). Wenn wir jedoch abrüsten und die Russen tun es nicht, dann liefern wir uns ihrer Gnade aus, und das wäre noch viel schlechter (fünf Jahre Gefängnis für uns, Freispruch für die Russen). Wenn wir aber abrüsten und die Russen tun es auch, dann ist das gut, insofern uns die Russen nicht mehr gefährlich werden können (zwei Jahre Gefängnis für beide). Allerdings können wir dann auch den Russen nicht mehr unseren Willen aufzwingen, was ja auch seine Vorteile hätte. Daher wäre es am besten, wenn die Russen abrüsten und wir nicht, das heißt, wenn wir nur so tun, als ob (fünf Jahre für die Russen, Freispruch für uns). Da für die

Russen das gleiche gilt, wäre es also am besten, wenn der jeweils andere abrüstete und man selbst nicht. Da jedoch beide das wissen und keiner darauf rechnen kann, daß der andere freiwillig auf einen möglichen Vorteil verzichten wird (schließlich würde man selbst, rational wie man ist, das ja auch nicht tun), stehen sich scheinbar beide besser, wenn sie nicht abrüsten, sondern stattdessen weiter hochrüsten. Denn jeder sagt sich: Wenn die anderen *nicht* abrüsten, ist es besser für uns, wenn wir das auch nicht tun (um nicht in Abhängigkeit zu geraten), und wenn die anderen *doch* abrüsten, dann ist es *auch* besser für uns, wenn wir es nicht tun (weil wir dann Überlegenheit gewinnen). Weil also beide Parteien rational handeln, sprich: nur ihren eigenen Vorteil im Auge haben, kommt es nicht zur Abrüstung, so daß die Bedrohung wächst und wächst – eine Bedrohung, auf die beide sicherlich gerne verzichtet hätten. Zwar ist es nicht zu dem großen Schlagabtausch, den viele befürchtet hatten, gekommen, aber es hätte eben auch anders ausgehen können.

Gibt es aber einen Ausweg aus dem Dilemma? Offenbar nur dann, wenn man bereit ist, einen von der Sache her nicht gerechtfertigten Vertrauensvorschuß zu leisten und damit das Risiko einzugehen, getäuscht und übervorteilt zu werden. Langfristig mag jedenfalls Vertrauen, verbunden mit der Bereitschaft, auch das Vertrauen des anderen zu honorieren, die erfolgsträchtigere, das eigene Wohl mit größerer Wahrscheinlichkeit fördernde Strategie sein, ganz im Einklang mit jenem alten chinesischen Sprichwort, das da lautet: Nenne nie jemanden einen Lügner, wenn Du willst, daß er ehrlich bleibt.

7.

Die Widerlegung des Idealismus

Daß sogenannte sekundäre Qualitäten wie etwa Farben nur in der Wahrnehmung existieren, sie also nur *sind*, insofern sie *wahrgenommen* werden, ist nicht nur ein philosophischer Gemeinplatz, sondern auch eine Annahme, die, wie Berkeley gezeigt hat, sich leicht auf *alle* Qualitäten ausweiten läßt und damit in einen Idealismus führt, der zumindest die Erkennbarkeit, wenn nicht gar die Existenz einer jenseits der Wahrnehmung und des Wahrgenommenen liegenden Wirklichkeit leugnet. Wenn uns die Welt nur bekannt ist, insoweit wir sie wahrnehmen, dann gibt es keinen überzeugenden Grund für den Glauben, daß das Sein der Dinge in mehr besteht als in ihrem Wahrgenommenwerden. Vielmehr gilt dann: Sein *ist* Wahrgenommenwerden (esse est percipi).

In seinem berühmten Aufsatz «Die Widerlegung des Idealismus», bemüht sich G.E. Moore (1873–1958) um den Nachweis, daß diese Folgerung schon von ihren Voraussetzungen her völlig falsch ist. Doch statt an dem wesentlichen Unterschied zwischen sekundären (wahrnehmungsabhängigen) und primären (wahrnehmungsunabhängigen) Gegenstandsqualitäten festzuhalten und so wenigstens die materielle (wenngleich aller ästhetischen Qualitäten beraubte) Welt vor der Vereinnahmung durch das wahrnehmende Subjekt zu retten, zieht es Moore vor, gleichsam das Kind mit dem Bad auszuschütten und darzulegen, daß nicht einmal die traditionellen sekundären Qualitäten, also Farben, Gerüche, Töne und Geschmacksqualitäten, in ihrer Existenz von der Wahrnehmung abhängig seien. Gelb etwa, so argumentiert er, ist nicht dasselbe wie die Wahrnehmung von Gelb. Letztere bestehe nämlich aus zwei Elementen, nämlich dem Bewußtsein und seinem

Gegenstand. Die Wahrnehmung von Gelb ist ja nicht dasselbe wie die Wahrnehmung von Blau, und doch handelt es sich in beiden Fällen um Wahrnehmungen, weil das Bewußtsein einmal Gelb zum Gegenstand hat und das andere Mal Blau. Wäre aber Gelb dasselbe wie die *Wahrnehmung* von Gelb, und Blau dasselbe wie die *Wahrnehmung* von Blau, dann ließe sich die Gemeinsamkeit zwischen den beiden Wahrnehmungen nicht erklären. Die Gemeinsamkeit kann es nur geben, wenn es ein Element gibt, das in beiden Wahrnehmungen gleich ist und das sich unterscheidet von dem Element, das in der einen Wahrnehmung anders ist als in der anderen, nämlich Gelb bzw. Blau. Dieses gemeinsame Element ist das Bewußtsein. Da das Bewußtsein in der Wahrnehmung von etwas ein zu diesem hinzukommendes Element ist, ist Gelb offensichtlich nicht dasselbe wie die Wahrnehmung von Gelb, und Blau nicht dasselbe wie die Wahrnehmung von Blau. Wenn aber nun, folgert Moore weiter, in der Wahrnehmung das Element Bewußtsein klar von den Elementen Gelb oder Blau unterschieden werden muß, dann gibt es keinen Grund für die Annahme, daß nicht jedes der Elemente auch für sich bestehen kann. Wie es eine Wahrnehmung gibt, die nicht Wahrnehmung von Gelb ist, so *könnte* es auch ein Gelb geben, das nicht Gegenstand einer Wahrnehmung ist, also nicht wahrgenommen wird.

Nun wird gewöhnlich als das zentrale Erkenntnisproblem die vermeintliche Unmöglichkeit angesehen, aus dem Gefängnis unserer Wahrnehmungen und Vorstellungen auszubrechen. Da wir von nichts wissen können, was sich uns nicht in irgendeiner Weise zeigt und das heißt Gegenstand unserer Wahrnehmung wird, können wir auch niemals wissen, ob die Dinge wirklich so sind, wie wir sie wahrnehmen. Wir können zwar unsere Wahrnehmung durch andere Wahrnehmungen korrigieren, aber niemals *hinter* unsere Wahrnehmung überhaupt blicken und das heißt: nicht die Art und Weise, wie sich uns die Dinge zeigen, mit ihrem wirklichen Sein vergleichen. Für Moore jedoch stellt sich dieses Problem gar nicht: Es sei überflüssig, darüber nachzudenken, wie wir den Zirkel von Wahrnehmungen und Vorstellungen durchbrechen können, weil wir überhaupt niemals innerhalb dieses Zirkels eingeschlossen sind. Überhaupt irgendeine Empfindung zu haben, bedeute nämlich bereits, *außerhalb* des Zirkels zu sein. Jede Wahrnehmung ist Wahrnehmung *von etwas* und reicht insofern immer schon über sich selbst hinaus. Wahrnehmung ist wesensmäßig Erkenntnis. Wahrnehmend erfassen wir einen Gegenstand, der logisch von der Wahrnehmung klar unterschieden ist und darum als etwas begriffen werden muß, das prinzipiell unabhängig von der Tatsache seines Wahrgenommenwerdens existiert, und zwar genau *so*, wie er von uns erfaßt wird. Daß die Wahrnehmung Erkenntnis ist, heißt eben auch, daß der Gegenstand sich durch die Wahrnehmung nicht ändert. Der Gegenstand, wenn er wahrgenommen wird, ist genau so, wie er wäre, wenn er nicht wahrgenommen würde. Würde die Wahrnehmung den Gegenstand verändern, dann wäre die Wahrnehmung keine Erkenntnis des Gegenstands. Da sie aber Erkenntnis ist, bleibt der Gegenstand, was er war. So sind wir der Existenz und der tatsächlich vorhandenen Eigenschaften materieller Gegenstände unmittelbar bewußt, nicht weniger als der Existenz und der Qualität unserer Empfindungen. Es gibt sowenig Grund, an der objektiven Existenz der Gegenstände unserer Wahrnehmung zu zweifeln, wie es einen Grund gibt, an der Existenz unserer Empfindungen zu zweifeln. Denn auch dieser sind wir uns ja bewußt, das heißt, sie sind Gegenstand einer Wahrnehmung. Wenn die Existenz einer materiellen Welt bezweifelt werden kann, dann kann mit gleichem Recht die Existenz einer mentalen Welt bezweifelt werden, so daß die einzig vernünftige Alternative zu der Ansicht, daß es sowohl Bewußtseinsereignisse als auch real existierende materielle Gegenstände gibt (und zwar mit sämtlichen Qualitäten ausgestattet, die wir an ihnen wahrnehmen), ein absoluter Skeptizismus wäre. Mit anderen Worten: Wenn man, wie es die Idealisten tun, leugnet, daß die Wahrnehmung eine Erkenntnis ist, das heißt sich auf einen Gegenstand bezieht, der in seiner Existenz nicht von seinem Wahrgenommenwerden abhängt, dann sollte man auch Nägel mit Köpfen machen und sich nicht bloß mit der Leugnung der materiellen Welt, so wie wir sie kennen, begnügen, sondern vielmehr konsequenterweise davon ausgehen, daß *überhaupt nichts* existiert.

Ist es aber tatsächlich einleuchtend anzunehmen, wie Moore es tut, daß entweder für alle oder für keine Wahrnehmungen gilt, daß sie Wahrnehmungen *von etwas* sind, und damit auch für alle oder keine Wahrnehmungsgegenstände, daß sie eine von der Wahrnehmung unabhängige Existenz haben? Ist dieses kategorische Entweder-Oder berechtigt? Moore stützt seine Widerlegung des Idealismus auf den Nachweis der Unterscheidbarkeit zweier verschiedener «Elemente» im Wahrnehmungsakt, nämlich des Bewußtseins und dessen, wovon es Bewußtsein ist, also der Wahrnehmung selbst und ihres Gegenstandes. Daraus, daß sich Wahrnehmung und Wahrnehmungsgegenstand *begrifflich* unterscheiden lassen, folgt aber nicht ohne weiteres, daß sie sich auch tatsächlich voneinander trennen lassen, in dem Sinne, daß beide unabhängig voneinander existieren können. Daß Moores Argument fehlerhaft ist, ist leicht ersichtlich, wenn man es auf andere begriffliche Unterscheidungen anwendet, etwa die Unterscheidung zwischen Gelb und Farbe. So könnte man argumentieren, daß Gelb offensichtlich nicht dasselbe sei wie die Farbe Gelb. Denn schließlich gibt es ja auch die Farbe Blau, die sich von der Farbe Gelb unterscheidet, aber doch wie diese eine Farbe ist. Wenn Gelb dasselbe wäre wie die Farbe Gelb und Blau dasselbe wie die Farbe Blau, dann ließe sich die Gemeinsamkeit zwischen beiden nicht einsehen. Also besteht die Farbe Blau aus dem Element Farbe und dem Element Blau, während die Farbe Gelb ebenfalls aus dem Element Farbe, aber nicht zusätzlich noch aus dem Element Blau, sondern stattdessen aus dem Element Gelb besteht. Da somit erwiesen ist, daß Gelb nicht dasselbe ist wie die Farbe Gelb, und Blau nicht dasselbe wie die Farbe Blau, ist es nicht nur vorstellbar, daß eine Farbe existiert, die weder Blau noch Gelb ist, sondern auch, daß es ein Blau oder ein Gelb gibt, das keine Farbe ist.

Diese Schlußfolgerung ist aber falsch, denn wir wüßten gar nicht, was wir uns unter einem Blau vorstellen sollten, das keine Farbe ist. Zugleich gilt aber, daß sich begrifflich sehr wohl zwischen Farbe und Blau unterscheiden läßt, so daß aus der Unterscheidbarkeit *allein* offensichtlich keine existenzielle Unabhängigkeit abgeleitet werden kann.

Nun würden wir freilich kaum sagen, daß Blau oder Gelb verschiedene *Gegenstände* von Farben sind, so wie wir sagen (oder jedenfalls die Redeweise verstehen) können, daß Blau und Gelb verschiedene Gegenstände von Wahrnehmungen sind, und vielleicht liegt ja hier der entscheidende Unterschied zwischen den beiden Fällen. Es klingt ja zunächst durchaus plausibel, Wahrnehmungen als Erkenntnisleistungen zu verstehen, in denen uns ein Gegenstand präsent wird. Es scheint uns natürlich zu sagen, daß wir, beispielsweise, einen Tisch wahrnehmen (und nicht etwa: das mentale Bild eines Tisches). Wie wir aber einen Tisch wahrnehmen können, so auch einen blauen Fleck auf dem Tisch. Beides sind Gegenstände unserer Wahrnehmung, von denen wir annehmen, daß sie auch dann da sind, wenn wir sie nicht wahrnehmen (vom Tisch nehmen wir das allerdings eher an als von dem blauen Fleck). Aber nehmen wir auch im selben Sinne *Blau* wahr? Ist Blau tatsächlich ein Gegenstand unserer Wahrnehmung, so wie ein Tisch Gegenstand unserer Wahrnehmung ist? Freilich, wenn jemand mich fragt: Welche Farbe hat der Fleck auf diesem Tisch?, dann kann ich hinschauen und zur Antwort geben, daß der Fleck blau sei. Es scheint also, als habe ich mit der Wahrnehmung eine Erkenntnis gewonnen. Doch ist es nicht dennoch so, daß uns der Fleck nur blau *erscheint*? Ist es nicht so, daß Blau eher eine Art und Weise bezeichnet, *wie* sich uns ein Ding darstellt, also gar nicht Gegenstand der Wahrnehmung, sondern eher Modus der Wahrnehmung ist? Einen blauen Fleck wahrzunehmen, hieße dann, daß uns der Fleck in der Weise des Blauseins bekannt wird. Statt zu sagen, daß wir *Blau* wahrnehmen (verstanden als Objekt des Satzes und Gegenstand einer Erkenntnisbeziehung), sollten wir darum vielleicht besser davon sprechen, daß wir *blau* wahrnehmen (hier verstanden als Adverb, das die Weise der Wahrnehmung kennzeichnet). Aber hieße das nicht behaupten, daß die Wahrnehmung selbst blau ist, und ist das nicht mindestens ebenso absurd wie Moores Behauptung, daß es ein Blau geben könne, das nicht wahrgenommen wird?

8.

Die adverbiale Theorie der Wahrnehmung

Oft stellen Philosophen Behauptungen auf, die sie dann ausführlich begründen. Vielleicht noch öfter aber bemühen sie sich um die Widerlegung der Behauptungen und Begründungen anderer. Doch auch Widerlegungen bestehen wieder aus begründeten Behauptungen, die wiederum zu einer Widerlegung herausfordern, welche dann erneut widerlegt werden kann und so weiter und so fort. So geht der Philosophie nie die Arbeit aus.

Moore war es darum zu tun, den Idealismus zu widerlegen, oder vielmehr, bestimmte *Voraussetzungen* zu widerlegen, die den Idealismus zu stützen scheinen. Seine «Widerlegung» kann uns aber nur dann überzeugen, wenn wir Moores eigene Voraussetzungen teilen und seine Schlüsse für zwingend halten. Eine für Moores Argumentation entscheidende Voraussetzung bestand nun darin, die Wahrnehmung als eine Form der Erkenntnis zu begreifen, die als solche stets einen Gegenstand habe, der in seiner Existenz von dem Prozeß desErkanntwerdens unabhängig ist. Will man nun Moores Widerlegung widerlegen, kann man in Zweifel ziehen, ob Wahrnehmung tatsächlich eine Form von Erkenntnis sei. Man kann aber diese Behauptung auch akzeptieren und statt dessen bestreiten, daß jede Erkenntnis sich auf einen von ihr unabhängig existierenden Gegenstand bezieht, wie es der amerikanische Philosoph C. J. Ducasse (1881–1969) getan hat.

In Vorbereitung seiner Widerlegung von Moore und dem damit einhergehenden Entwurf einer adverbialen Theorie der Wahrnehmung unterscheidet Ducasse zunächst zwischen Äußerungen, in denen das Verb sich auf einen Gegenstand bezieht, der dem durch es beschriebenen Prozeß *fremd* ist, und Äußerungen, in denen der Gegenstand dem vom Verb beschriebenen Prozeß *gleichursprünglich* ist. So kann ich zum Beispiel sagen, daß ich ‹einen Zaun überspringe› (engl.: jump a fence), aber auch, daß ich ‹einen Sprung mache› (engl.: jump a jump). Im einen Fall steht das Akkusativobjekt in einem ganz anderen Verhältnis zum Verb als im anderen Fall. Der Zaun ist selbstverständlich da, bevor ich ihn überspringe. Wäre er es nicht, könnte ich ihn auch nicht überspringen. Insofern steht er dem Überspringen als ein Fremdes gegenüber, das heißt seine Existenz ist gänzlich unabhängig von dem Vorgang des Springens. Ganz anders verhält es sich mit dem Sprung, den ich mache. Der Sprung ist nämlich *nicht* da, bevor ich ihn mache, sondern vielmehr erst dann, wenn ich ihn mache. Er existiert auch nicht als *Folge* meines Machens, sondern *gleich-ursprünglich* mit diesem, also nur *insofern* ich ihn mache. Wenn ich ‹einen Sprung mache›, gibt es daher nicht den Sprung und das Machen als zwei voneinander unterscheidbare Elemente. Einen Sprung zu machen und zu springen ist vielmehr ein und dasselbe. Das Substantiv ‹Sprung› bezeichnet hier eine bestimmte *Art* von Vorgang, während das Verb ‹springen› (oder im Deutschen: einen Sprung ‹machen›) das tatsächliche *Stattfinden* dieser Art von Vorgang (zu einer bestimmten Zeit an einem bestimmten Ort) anzeigt. Aus genau diesem Grund kann kein Sprung unabhängig vom Vorgang des Springens existieren, das heißt, den Sprung gibt es nur im Springen.

Nun ist aber der Sprung im Verhältnis zum Springen nicht nur gleichursprünglich, sondern, wie Ducasse es nennt, auch *gleichgeordnet*. Man könnte auch sagen, die Begriffe haben die gleiche Ausdehnung. Das heißt, wann immer ich einen Sprung mache, springe ich auch, und wann immer ich springe, mache ich auch einen Sprung. Das im Akkusativobjekt Bezeichnete kann aber auch, obschon gleichursprünglich, dem vom Verb bezeichneten Vorgang *untergeordnet* sein. Das ist etwa der Fall, wenn man sagt, daß jemand ‹einen Walzer tanzt›. In diesem Fall kann der Vorgang existieren, während der (grammatische) Gegenstand nicht existiert, weil ich nämlich auch dann tanzen kann, wenn ich keinen Walzer tanze. Denn ich kann ja auch einen Foxtrott tanzen. Sowohl für den Walzer als auch für den Foxtrott gilt aber, daß sie getanzt werden müssen, um zu existieren. Weder Walzer noch Foxtrott noch irgendein anderer Tanz sind also in ihrer Existenz unabhängig von dem Vorgang des Tanzens.

Entscheidend für die Auseinandersetzung mit Moore ist nun, daß sich, wie Ducasse ausführt, tatsächlich *jedem* Vorgang ein ihm gleichursprüngliches Objekt zuordnen läßt, also nicht nur dem Springen und Tanzen und ähnlichen körperlichen Handlungen, sondern auch allen *kognitiven* Prozessen. Ich kann einen Gedanken denken, eine Empfindung haben oder eine Erfahrung machen, und in all diesen Fällen gilt, daß das jeweilige Objekt nicht unabhängig vom Vorgang existieren kann. Der Gedanke ist nur im Denken, die Empfindung nur im Empfinden, die Erfahrung nur im Erfahren.

Wie steht es aber mit der Wahrnehmung von solchen Sinnesqualitäten wie ‹blau›, ‹bitter› oder ‹süß›? Moore war ganz selbstverständlich davon ausgegangen, daß diese Qualitäten dem Wahrnehmungsvorgang fremd seien, also in ihrer Existenz von diesem unabhängig. Ducasse hingegen vertritt die Auffassung, daß sich solche Wahrnehmungsqualitäten zum Wahrnehmungsprozeß genau so verhalten wie der Walzer zum Tanzen, also, in Ducasses Terminologie, gleichursprünglich untergeordnet. Das heißt, daß etwa ‹blau› in Wahrheit gar kein *Gegenstand* der Wahrnehmung ist, sondern vielmehr eine bestimmte *Art* der Wahrnehmung, im selben Sinne wie der Walzer nicht Gegenstand des Tanzens, sondern eine bestimmte Art von Tanz ist. Wenn ich einen Walzer tanze, dann tanze ich tatsächlich in der Art des Walzers, das heißt in einer ganz bestimmten Weise, die man Walzer nennt. Ebenso nehme ich, wenn ich ‹blau› wahrnehme, auf blaue Art wahr, daß heißt auf die üblicherweise blau genannte Weise. Nicht der Gegenstand der Wahrnehmung, sondern die Wahrnehmung selbst ist also in einem gewissen Sinne blau, und was wir hier im Wahrnehmungsprozeß erkennen, ist nichts Fremdes, sondern unsere eigene subjektive Befindlichkeit. Daß die Wahrnehmung selbst blau sein könne, klingt freilich absurd, aber nur deshalb, weil diese Redeweise das Mißverständnis nahe legt, ‹blau› als eine *Eigenschaft* der Wahrnehmung aufzufassen. So ist es aber gerade nicht zu verstehen. Der Lapislazuli etwa hat die Eigenschaft, blau zu sein, was nichts anderes heißt, als daß wenn ich diesen Stein anschaue, ich eine Blau-Erfahrung mache. Wenn ich aber diese Erfahrung mache, dann ist mein Bewußtsein *nicht* blau in diesem Sinne, da ich mich nicht hinstellen und dieses unter geeigneten Lichtbedingungen als blau wahrnehmen kann. Vielmehr ist das Bewußtsein im Augenblick der Wahrnehmung von der besonderen Art, die man blau nennt, so wie ein Metall von der besonderen Art sein kann, die wir Eisen nennen. Auch ein Metall hat ja nicht die Eigenschaft, aus Eisen zu sein. Es ist überhaupt nicht *aus* Eisen. Vielmehr nennt man diese besondere Art von Metall eben Eisen. Eisen ist der *Name* dieses Metalls. Und wie es deshalb merkwürdig und unangemessen wäre, von einem «eisernen Metall» zu sprechen, so ist es auch merkwürdig und irreführend, von einer «blauen Wahrnehmung» zu sprechen.

Zwar könne man durchaus mit Moore sagen, daß jede Wahrnehmung eine Wahrnehmung von etwas ist, aber daraus folge eben nicht, wie Moore glaubt, daß alles, was wahrgenommen wird, unabhängig vom Wahrnehmungsvorgang existiert. Sich schmeckend eines bestimmten Geschmacks bewußt zu sein, sehend einer bestimmten Farbe oder hörend eines bestimmten Tons, ist nicht dasselbe wie sich (schmeckend, sehend oder hörend) eines bestimmten Gegenstandes bewußt zu sein, auch wenn man in beiden Fällen die Wahrnehmung *von* etwas habe. Nur scheinbar (aufgrund einer irreführenden grammatischen Zufälligkeit) drückt der Satz «Ich sehe eine Rose» oder der Satz «Ich höre eine Glocke» die gleiche Beziehung (zwischen Verb und Akkusativobjekt) aus wie der Satz «Ich sehe Rot» oder der Satz «Ich höre ein hohes C». In Wahrheit aber handelt es sich um völlig verschiedene Arten von Beziehung. Das läßt sich schon daraus erkennen, daß die

Aussage «Ich sehe eine Rose» besagt, daß der Gegenstand, der bewirkt, daß ich jetzt Rot (oder etwas Rotes) sehe, zu der Art von Gegenständen gehört, die man Rosen nennt, während die Aussage «Ich sehe Rot» ganz sicher *nicht* besagt, daß meine Rot-Wahrnehmung von einem Gegenstand namens Rot verursacht wird. Farben, Gerüche, Töne und überhaupt alles, was gewöhnlich (und irreführenderweise) als Sinnesdatum bezeichnet wird, darf weder substantivisch noch adjektivisch gedeutet, sondern muß vielmehr adverbial gedacht werden. Mit anderen Worten: Sinnesdaten sind weder Gegenstände noch Eigenschaften der Wahrnehmung, sondern ganz spezifische *Modulationen des Bewußtseins*. Wenn ich ein ganz bestimmtes Blau betrachte, dann *ist* dieses Blau ein ganz bestimmtes Bewußtsein, nämlich ein Bewußtsein in der Weise des Wahrnehmens (being-conscious sensingly), und zwar in der Weise des Blau (bluely), und zwar in der Weise des Marineblau, und zwar in der Weise genau dieser Schattierung von Marineblau.

Hier gilt dann eben doch der idealistische Grundsatz des *esse est percipi*, denn das Sein dessen, was wahrgenommen wird, besteht in seinem Wahrgenommenwerden, das heißt, es hängt in seiner Existenz an diesem. Solange dies aber nur für *manche* Wahrnehmungsbeziehungen gilt und es eben auch andere Wahrnehmungsbeziehungen gibt, in denen tatsächlich ein Gegenstand, und das heißt ein unabhängig von der Wahrnehmung Existierendes, wahrgenommen und im Wahrnehmen erkannt wird, hat dies keinen Idealismus zur Folge von der Art, wie ihn Berkeley und später etwa Bradley und Mc Taggart vertreten haben und wie ihn Moore bekämpft hat. Die eigentliche Schwierigkeit besteht dann nicht darin zu zeigen, daß es Wahrnehmungsinhalte gibt, die in ihrer Existenz vom Vorgang der Wahrnehmung abhängen, sondern vielmehr darin zu zeigen, daß es tatsächlich Gegenstände gibt, die *unabhängig* von der Wahrnehmung existieren, deren esse also *nicht* percipi ist.

9

Gregor Samsa und der Prinz im Schuster

«Als Gregor Samsa eines Morgens aus unruhigen Träumen erwachte, fand er sich in seinem Bett zu einem ungeheuren Ungeziefer verwandelt.» So beginnt Franz Kafkas berühmte Erzählung *Die Verwandlung*. Man kann sagen, daß Gregor Samsa nach seiner Verwandlung kein Mensch mehr ist. Statt dessen ist er zu etwas anderem geworden: zu einem Ungeziefer, einer riesigen Schabe. In einem gewissen Sinne ist er nun also nicht mehr derselbe wie vorher. In einem anderen Sinne jedoch ist er offenbar sehr wohl noch derselbe, denn er erinnert sich sehr genau an sein vorausgegangenes Leben als Mensch. *Er* erinnert sich daran, was *er* war und getan hat und auch daran, am vorherigen Abend in dieses Bett gegangen zu sein, in dem *er* nun aufwacht. Gregor Samsa kommt es so vor, als sei er noch derselbe, nur in anderer Gestalt, in einem anderen Körper. Aber ist er tatsächlich noch derselbe? Was genau *macht* ihn denn zu demselben, der er einmal war? Und was macht *uns*, die wir unseren Körper gewöhnlich nicht gegen den eines anderen Lebewesens austauschen, zu denselben, die wir gestern, oder letztes Jahr, oder vor zwanzig Jahren, waren? Der englische Philosoph John Locke (1632–1704) hat versucht, diese Frage zu beantworten, und zwar auf eine Weise, die uns auch heute noch recht modern anmutet und besonders analytische Philosophen dazu inspiriert hat, ausführlich über Identität nachzudenken. Zunächst unterscheidet Locke zwischen a) der Identität materieller Körper, b) der Identität von Lebewesen (einschließlich des Menschen) und schließlich c) der Identität von Personen. Wenn ein (aus Atomen) zusammengesetzter Körper sich verändert, indem er Teile von sich verliert oder andere hinzugewinnt, dann handelt es sich, auch wenn es nur wenige Teile sind, streng genommen nicht mehr um denselben Körper. Es ist ein neuer Körper geworden, der nur teilweise mit dem alten identisch ist, insofern nämlich einige seiner Teile schon in dem alten Körper vorhanden waren (also dieselben sind wie in diesem), andere hingegen nicht. (Aus *praktischen* Gründen mögen wir freilich weiterhin von demselben Gegenstand sprechen, etwa demselben Tisch, auch wenn er Kratzer hat oder gar ein Bein verliert und ersetzt bekommt.) Bei Lebewesen jedoch kann sich die gesamte materielle Zusammensetzung ändern, ohne daß wir deshalb Anlaß hätten, von einem neuen Lebewesen zu sprechen. Ein Baum wächst vom Schößling zur ausgewachsenen Eiche heran, tauscht dabei Materie aus und gewinnt ständig neue hinzu, und bleibt dabei doch stets derselbe Baum. Was seine Identität ausmacht, ist also nicht etwa die über die Zeit gleichbleibende Zusammensetzung seiner materiellen Teile, sondern vielmehr ein bestimmtes Organisationsgefüge oder, wie Locke sich auch ausdrückt, seine Teilhabe an demselben individuellen Leben, das sich kontinuierlich durch die materiellen Veränderungen hindurch entwickelt und bewahrt.

Was für Pflanzen gilt, gilt nun ebenso auch für Tiere und selbst für den Menschen. Auch ein Mensch ist stets derselbe Mensch, insofern die Teile seines Körpers in ein bestimmtes Organisationsgefüge eingegliedert sind. Sobald ein Körperteil aus diesem Gefüge herausgelöst wird, ist es auch kein Teil dieses Menschen mehr: Wird mir beispielsweise meine Hand vom Körper getrennt, dann ist diese nicht mehr Teil meiner Identität als Mensch. Sie gehört nicht mehr zu mir. Dennoch ist die Identität, die ich als Mensch habe, nach Locke durchaus physischer Art. Denn auch wenn man annehmen wolle, daß jeder Mensch eine immaterielle Seele besitzt, die nacheinander in verschiedenen Körpern (zum Beispiel im Körper des Sokrates und später in dem Caesar Borgias) beheimatet sein kann, dann würden wir doch nicht sagen, daß es sich bei Sokrates und Borgia, selbst wenn sie ein und dieselbe Seele hätten, um denselben *Menschen* handelt. Zur Idee des Menschen gehört auch die Gestalt eines Menschen, das heißt, ein spezifisch menschlicher Organismus, und zur Idee eines *bestimmten* Menschen seine ihm eigentümliche äußere Gestalt ebenso wie seine durch die geschichtliche Situation und die persönlichen Lebensumstände geformten Verhaltensdispositionen. Es wäre «eine sehr merkwürdige Verwendungsweise» des Wortes ‹Mensch›, würde man dabei von Körper und Gestalt ganz absehen. Darum würde auch niemand, wenn die Seele eines Menschen in einem Tier wiedergeboren würde, meinen, daß dieses nun infolge dessen ein Mensch sei. Denn das Wort ‹Mensch› bezeichne «nichts anderes als ein Tier mit einer bestimmten [nämlich menschlichen] Gestalt.» Würden wir jemandem begegnen, der so aussähe wie wir, «aber sein ganzes Leben lang nicht mehr Verstand hätte als eine Katze oder ein Papagei», würden wir dennoch einen Menschen in ihm sehen. Und würden wir umgekehrt eine Katze oder einen Papageien philosophische Diskurse führen hören, würden wir sie deshalb nicht für Menschen, sondern nur für erstaunlich intelligente Tiere halten. (Aber würden wir das wirklich?) Nach Locke müßten wir also sagen, daß wenn es uns, wie in einem Zaubermärchen, gelänge, in den Körper eines Tieres zu schlüpfen, wir dann auch dieses Tier *wären* und nicht etwa noch ein Mensch.

Jedoch ist es eine Sache, nicht mehr derselbe *Mensch* zu sein (oder genauer: nicht mehr dieselbe Art von Tier oder lebendem Organismus zu sein), und eine ganz andere, nicht mehr dieselbe *Person* zu sein. Wenn ich absehe von meiner Existenz als Mensch und mich nur als ein individuelles denkendes und empfindendes Wesen begreife, das auf sich selbst Bezug nehmen kann, indem es seine Empfindungen und Gedanken sich selbst zurechnet, sich an verschiedenen Orten und zu verschiedenen Zeiten noch immer als ein und dasselbe Wesen versteht, Freude und Leiden empfindet und um seine eigene Existenz besorgt ist, dann betrachte ich mich selbst nicht mehr als Mensch, sondern als Person. Und wenn, so können wir nun sagen, Gregor Samsa sich in einen Käfer verwandelt findet, dann ist er vielleicht kein Mensch mehr, ja vielleicht nicht einmal mehr Gregor Samsa, aber er ist immer noch dieselbe Person, die er vorher war. Was ihn aber zur selben Person macht, ist weder die materielle noch die strukturelle Identität seines Körpers, sondern allein das *Bewußtsein*, derselbe zu sein, das heißt der Umstand, daß er gegenwärtige Erfahrungen ebenso auf sich bezieht wie bestimmte vergangene Erfahrungen, indem er sich an sie als die seinen erinnert. «So weit wie das [Selbst-]Bewußtsein auf vergangene Handlungen und Gedanken ausgedehnt werden kann, so weit reicht die Identität dieser Person.»

Nun besteht offensichtlich das Problem, daß wir uns an vieles, das wir in unserem Leben getan haben, nicht mehr erinnern. Wir haben also kein Bewußtsein mehr davon. Darüber hinaus ist uns das wenigste von dem, was wir nicht vergessen haben, im Augenblick gerade bewußt. Und auch, wenn wir schlafen, sind wir uns entweder überhaupt nicht unserer selbst bewußt oder wenn doch, dann in einer mit unserem gewöhnlichen Leben meist nur sehr locker verbundenen Weise. Sollen wir sagen, daß wir demzufolge auch nicht mehr dieselbe Person sind wie zu der Zeit, als wir taten (fühlten, dachten), woran wir uns nicht mehr erinnern können oder woran wir einfach gerade nicht denken? Sollen wir sagen, daß wir wachend nicht dieselbe Person sind wie schlafend oder träumend? Locke zeigt hier eine gewisse Unsicherheit, ist aber dann doch bereit, die Konsequenz in Kauf zu nehmen und daran festzuhalten, daß es zwar derselbe *Mensch* ist, der träumt und wacht, aber eben nicht dieselbe *Person*, und daß ein Erwachsener wohl immer noch derselbe Mensch sein mag wie das zweijährige Kind, das er einmal war, aber wiederum nicht dieselbe Person.

Diese Unterscheidung zwischen Mensch und Person ist auch in praktischer Hinsicht von Bedeutung. Für Locke hängt nämlich an der personalen Identität die moralische Verantwortung, also die *Zurechenbarkeit* von Handlungen. Wir sind also nicht für das verantwortlich, was wir einmal getan haben, wenn wir uns jetzt beim besten Willen nicht mehr daran erinnern können, daß wir es getan haben (genauso wenig wie wir für das verantwortlich sind, was wir im Traum gedacht oder getan haben). Das würde aber zum Beispiel bedeuten, daß ein NS-Kriegsverbrecher, der heute vor Gericht gestellt und eines Verbrechens angeklagt, an das er sich, nach nunmehr 60 Jahren, tatsächlich nicht mehr erinnern kann, nicht für seine Taten zur Rechenschaft gezogen werden kann oder sollte, und zwar aus dem einfachen Grunde, weil es streng genommen nicht *seine* Taten waren. Der Mensch ist zwar derselbe, die Person aber eine andere.

Locke setzt hier voraus, daß die Substanz, die dem Bewußtsein zugrunde liegt – egal ob es sich dabei um eine materielle Substanz oder um eine immaterielle (Seelen-)Substanz handelt, für die personale und moralische Identität, also für das, was vernünftigerweise *mir* zurechenbar ist, keine Rolle spielt. Selbst wenn einer davon überzeugt wäre, der wiedergeborene Sokrates zu sein, also irgendwie (durch «Transmigration») dessen Seele geerbt zu haben, so wäre er doch gleichwohl nicht dieselbe Person wie Sokrates, sofern er nicht auch dessen Erinnerungen hätte. Das heißt aber auch, daß völlig unklar ist, was die Aussage, dieser sei identisch mit jenem, bedeuten soll, wenn weder körperliche Kontinuität noch Kontinuität des Bewußtseins gegeben ist. Andererseits jedoch wird auch die (für die Identität des Selbst sowohl notwendige als auch hinreichende) Kontinuität des Bewußtseins allein in der Regel nicht genügen, um uns auch in den Augen *anderer* als dieselben erscheinen zu lassen. In einem für seine Zeit ungewöhnlichen Gedankenexperiment fragt sich Locke, was wohl wäre, wenn die Seele eines Prinzen mit sämtlichen Erinnerungen in den Körper eines Schusters versetzt würde (dessen eigenes Bewußtsein im gleichen Augenblick erlischt). Jeder werde sofort einsehen, glaubt Locke, daß der Schuster nun dieselbe Person wäre wie der Prinz. Der gleiche *Mensch* wäre er allerdings nicht mehr, denn der Schuster bliebe, trotz seines königlichen Bewußtseins, «derselbe Schuster für jeden außer für ihn selbst.» Für alle anderen außer für ihn selbst gäbe es den Prinzen also nicht mehr. Mit anderen Worten: Die *öffentliche* Person ist identisch mit dem Menschen. Für die anderen ist der

Schuster nicht zum Prinzen geworden, mag er sich erinnern, an was er will, sondern hat sich allenfalls sehr (vermutlich zum Nachteil) verändert. Er ist seltsam geworden. Für Gregor Samsa gilt umgekehrt, daß er zwar faktisch auch als Schabe dieselbe Person ist, von seinen Angehörigen aber sehr schnell als Ungeziefer wahrgenommen und behandelt wird.

So werden wir auch im Fall des Kriegsverbrechers nicht die Person von dem Menschen trennen wollen, weniger deswegen, weil wir ihm seine Erinnerungslücken nicht abnehmen (obwohl auch das mit hineinspielen mag), sondern eher, weil wir nicht bereit sind, ihm das Recht zu vergessen einzuräumen und damit das Recht, noch bevor er für seine Verbrechen zur Rechenschaft gezogen werden kann, eine andere Person zu werden.

10

Plädoyer für die Kindstötung

Lange Zeit war es üblich, junge Katzen, für die man keine Verwendung hatte, zu ertränken oder einfach mit dem Knüppel zu erschlagen. Das erscheint den meisten von uns heute grausam. Wir würden aber deswegen noch nicht unbedingt sagen, daß neugeborene Katzen ein Recht auf Leben hätten, denn Rechte, so glauben viele, können nur Menschen wirklich haben. Gilt das aber auch für *alle* Menschen? Es hat Zeiten und Kulturen gegeben, in denen man auch menschliche Neugeborene ohne lange Überlegung tötete, wenn sie aus irgendeinem Grund nicht erwünscht waren, und niemand wäre auf den Gedanken gekommen, dies für moralisch genauso verwerflich zu halten wie den Mord an einem erwachsenen Menschen – wenn man es überhaupt für moralisch relevant hielt. Heute hingegen erscheint es uns oft schlimmer, ein Baby zu töten als einen erwachsenen Menschen. Aber ist es auch tatsächlich schlimmer? Spielt es moralisch überhaupt eine Rolle?

Manche Moralphilosophen glauben, daß das Lebensrecht eines menschlichen Säuglings in Wahrheit nicht größer sei als das einer neugeborenen Katze. Tatsächlich habe weder die Katze noch das Menschenkind überhaupt ein Recht auf Leben. Rechte gebe es nämlich nur dort, wo es auch die entsprechenden Interessen gebe: Einem Wesen ein Recht auf etwas zuzusprechen, an dem dieses überhaupt kein Interesse hat, weil es, aufgrund dessen, was es ist, überhaupt kein Interesse daran haben *kann*, scheint wenig Sinn zu haben. Einem Stein können wir überhaupt keine Rechte zusprechen, weil er an überhaupt nichts Interesse hat. Es ist ihm egal, was mit ihm geschieht, weil er gar nicht in der Lage ist, an irgend etwas Interesse zu nehmen. Für Pflanzen scheint dasselbe zu gelten, wenn man annimmt, daß Pflanzen kein Bewußtsein haben und somit nichts, das man mit ihnen macht, sie *selbst* in irgendeiner Weise betrifft. Sie haben nämlich kein Selbst. Pflanzen kennen, nach allem, was wir wissen, keinen Schmerz, keine Sorge, keine Angst, keine Enttäuschung, keine Frustration. Anders als Steine leben sie zwar, aber ihr Leben bedeutet ihnen nichts. Tiere hingegen, jedenfalls solche, die über ein zentrales Nervensystem verfügen, haben mit allergrößter Wahrscheinlichkeit subjektive Empfindungen, das heißt, sie sind in der Lage, Schmerz und Lust zu spüren, können beunruhigt und geängstigt werden. Was mit ihnen geschieht, ist deshalb *für* sie von Bedeutung. Wenn es nun tatsächlich keine Rechte ohne entsprechende Interessen geben kann und wir annehmen, daß nur ein Lebewesen, das in der Lage ist, Schmerz oder allgemeiner: irgendeine Form der Unlust zu empfinden, ein Interesse daran haben kann, wie man mit ihm umgeht, dann kann ein Wesen nur dann ein Recht darauf haben, eher so als so behandelt zu werden, wenn es in irgendeiner Weise unter dieser Behandlung zu leiden vermag. Es kann durchaus sein, daß das allein für die Zusprechung von Rechten noch nicht ausreicht, aber es ist doch eine notwendige Bedingung. Mit anderen Worten: Mit einem Wesen, das keine subjektiven Empfindungen hat (Steine, Pflanzen, niedere Tierarten), können wir machen, was wir wollen, ohne daß moralisch irgend etwas dagegen spräche. Wo es hingegen solche Empfindungen und damit entsprechende Interessen gibt, da können wir diese nicht einfach ignorieren, sondern müssen sie zumindest als moralisch relevant einstufen.

Nun könnte man meinen, daß jedes Lebewesen, das empfindungsfähig ist, auch ganz allgemein ein Interesse an seiner Existenz nimmt, so nämlich, daß es auch ein Interesse daran hat, nicht getötet zu werden. Das ist aber, wie immer wieder behauptet wird, nicht unbedingt der Fall. Um nämlich ein Interesse daran zu haben, nicht getötet zu werden, muß man eine gewisse Vorstellung von sich selbst haben. Man muß seiner selbst bewußt sein als eines Wesens, das nicht nur jetzt in diesem Augenblick existiert, sondern auch zukünftig noch als dasselbe Wesen existieren wird, sofern seine Existenz nicht beendet wird. Mit anderen Worten: Um ein Interesse daran zu haben, nicht getötet zu werden, muß ich ein Interesse daran haben können, auch in Zukunft noch existieren zu können. Ich muß meine zukünftige Existenz meiner zukünftigen Nicht-Existenz vorziehen können. Dazu braucht es aber einen *Begriff* von zukünftiger Existenz, und den haben anscheinend die meisten Tiere nicht. Einen solchen Begriff zukünftiger Existenz haben nur *Personen*. Als Person gilt nach der klassischen Definition von John Locke «ein denkendes intelligentes Wesen, das Vernunft und Reflexion besitzt und sich als sich selbst denken kann, als dasselbe denkende Etwas in verschiedenen Zeiten und an verschiedenen Orten.»

Die Stoßrichtung für die vielen Bioethiker, die heute das Recht auf Leben bzw. die moralische Verwerflichkeit des Tötens an die Bedingung der Personalität im von Locke definierten Sinne knüpfen, hat 1972 der damals erst 31-jährige und heute in Princeton lehrende Philosoph Michael Tooley mit seinem Aufsatz «Abortion and Infanticide» (Abtreibung und Kindstötung) vorgegeben. Tooleys ausdrückliches Ziel war es zu zeigen, daß weder menschliche Föten noch neugeborene Kinder ein ernstzunehmendes Recht auf Leben hätten und daß deshalb ihre Tötung moralisch unproblematisch sei. Wenn nämlich dies tatsächlich gezeigt werden könne, dann wäre das Leben viel einfacher für uns, denn wir müßten keine Skrupel mehr haben, behinderte Säuglinge (die das Leben ja nicht gerade leichter machen) einfach umzubringen. Auf diese Weise könnte das allgemeine Glück der Gesellschaft erheblich gesteigert werden. Was spricht also dagegen?

Tooley nimmt an, daß das Recht auf Leben an bestimmte Eigenschaften gebunden ist. Nur wer diese Eigenschaften besitzt, verfügt über ein solches Recht, und wer es nicht tut, der eben nicht. Unter dem Begriff «Person» möchte Tooley jedes Wesen verstanden wissen, das ein Recht auf Leben hat. Zu fragen, ob X eine Person sei, ist dann ganz dasselbe wie zu fragen, ob X ein Recht auf Leben habe. Etwas ganz anderes hingegen ist es zu fragen, ob X ein *Mensch* sei. Denn es ist durchaus möglich, daß es Menschen gibt, die keine Personen sind, und Personen, die keine Menschen sind. Ob etwas eine Person ist oder nicht, hängt eben nicht von der biologischen Zugehörigkeit zu einer bestimmten Art ab (die moralisch so irrelevant ist wie die Zugehörigkeit zu einer bestimmten Rasse oder einem bestimmten Geschlecht), sondern von individuellen Eigenschaften, die in einem einsehbaren Zusammenhang zum Vorhandensein von Rechten stehen. Denn ein Recht auf eine bestimmte Sache kann man Tooley zufolge nur dann haben, wenn man auch dazu fähig ist, diese Sache haben oder behalten zu wollen. *Jedes* Recht setzt ein entsprechendes Bedürfnis voraus. Ich kann aber nur das Bedürfnis nach etwas haben, wenn ich ein gewisses Verständnis dessen habe, was ich begehre. Verständnis aber gibt es nicht ohne Begriffe. Das bedeutet, daß etwas nur die Fortdauer seiner eigenen subjektiven Existenz wollen kann, wenn es über einen Begriff seiner selbst als andauerndes, auch über die Zeit hinweg mit sich selbst identisches Subjekt von Erfahrungen verfügt. Das tut aber weder ein menschlicher Fötus noch ein neugeborenes Kind. Somit hat ein neugeborenes Kind kein Recht auf Leben, und es ist moralisch erlaubt, es nach Gutdünken zu töten (jedenfalls sofern niemand etwas dagegen einzuwenden hat).

Tooley ist sich dessen bewußt, daß er mit dieser Auffassung ein Tabu bricht, aber er versteht sich eben als Aufklärer, dessen Pflicht es ist, Tabus zu hinterfragen und sie erst dann zu akzeptieren, wenn sie sich rational begründen lassen. Dann allerdings ist das Tabu kein Tabu mehr. Brauchen wir aber Tabus in der Moral? Wenn wir, wie die meisten Moralphilosophen, an die Möglichkeit eine rationalen Ethik glauben, dann müssen wir jedenfalls bereit sein, die verbreitete Überzeugung, daß ein neugeborenes Kind selbstverständlich bereits ein Recht auf Leben besitzt, auf ihre Stichhaltigkeit hin zu überprüfen, und eventuell, je nach Ergebnis dieser Prüfung, eben auch aufzugeben. Wenn wir etwa annehmen, daß ein Menschenkind ein

Recht auf Leben hat, während ein junges Kätzchen das nicht tut, müßten wir auf irgendeine moralisch relevante Eigenschaft verweisen können, die das Menschenkind besitzt, das Kätzchen hingegen nicht. Tooley insistiert, daß die bloße Artzugehörigkeit allein *nicht* moralisch relevant sei, und auch das oft angeführte *Potential zur Entwicklung* der ein Lebensrecht begründenden Eigenschaften, das Menschenkinder haben, Katzenkinder aber nicht, reiche nicht aus, um ein *aktuelles* Recht auf Leben zu begründen. Sobald die relevanten Eigenschaften da sind, hat der Mensch das Recht auf Leben, solange sie aber noch *nicht* da sind, hat er auch das damit verbundene Recht nicht. Stellen wir uns vor, meint Tooley, irgendwann in der Zukunft hätte man einen Weg entdeckt, in die Gehirne junger Katzen einen Stoff zu injizieren, der deren Entwicklung derart beeinflußt, daß die schließlich entstehenden Katzen über die selben geistigen Fähigkeiten verfügen wie erwachsene Menschen. Die so behandelten Katzen könnten also denken, sprechen und so weiter. In diesem Fall müßte man ihnen auch das gleiche Recht auf Leben zubilligen wie erwachsenen Menschen. Das heißt aber nicht, daß es in irgendeiner Weise moralisch falsch wäre, die jungen Katzen *nicht* mit dem Stoff zu behandeln und sie statt dessen zu töten, genauso wenig, wie es vor der Entwicklung dieser Technik falsch gewesen ist. Ebenso wenig falsch wird es sein, die bereits behandelten Katzen zu töten, solange sie noch nicht die Eigenschaften entwickelt haben, die das Recht auf Leben begründen.

Mit diesem Gedankenexperiment glaubt Tooley kurioserweise das Potentialitätsprinzip widerlegt zu haben. Tatsächlich aber setzt er hier nur voraus, was er zu zeigen beansprucht. Um die verbreitete Intuition, daß die Tötung eines neugeborenes Kindes kein Kavaliersdelikt ist, zu widerlegen, appelliert Tooley wiederum an unsere Intuitionen, die aber nicht nur in rein hypothetischen Fällen ohnehin eher vage und unzuverlässig sind, sondern auch in diesem speziellen Fall eher denen Tooleys widersprechen dürften. Tooley hält es für ausgemacht, daß eine Katze, die aufgrund eines medizinischen

Eingriffs irgendwann menschliche Fähigkeiten erlangen wird, keinen besonderen Schutz verdient. Aber vielleicht wäre es ja doch moralisch falsch, ein solches Tier zu töten. Woher wissen wir denn, daß es nicht falsch wäre? Das können wir eigentlich nur, wenn wir bereits wissen, daß das Potentialitätsprinzip falsch ist. So etwas *können* wir aber gar nicht wissen, da es sich dabei nicht um eine Tatsachenfrage handelt, sondern um eine Frage der moralischen Intuition. Im übrigen mag es auch jetzt bereits falsch sein, neugeborene Katzen zu töten. Vielleicht haben ja auch Katzen, die keine menschlichen Fähigkeiten erlangen, ein Recht auf Leben. Daß sie keinen Begriff von sich selbst haben, mag ja sein, aber sie haben auch keinen Begriff von Schmerz, und doch gesteht Tooley ihnen ein Recht zu, nicht gequält zu werden, angeblich weil sie wünschen können, daß eine bestimmte Empfindung nicht existiert. Wenn Katzen aber *das* wünschen können, warum sollten sie sich nicht auch wünschen können, daß bestimmte andere Empfindungen existieren und *weiter*existieren und damit auch das Selbst, das diese Empfindungen hat? Und wenn eine Katze das kann, warum dann nicht auch ein menschliches Neugeborenes?

11

Unsinn auf Stelzen

Die Ansicht, daß Menschen gewisse angeborene Rechte haben, die ihnen unter keinen Umständen genommen werden dürfen, ist uns heute (beinahe) zur Selbstverständlichkeit geworden. Wir reden von unveräußerlichen Menschenrechten, also von Rechten, die jedem Menschen allein aufgrund seines Menschseins und unabhängig von jeder staatlichen Ordnung notwendig zukommen. Wir reden von der Mißachtung und Verletzung dieser Rechte in den «Schurkenstaaten» dieser Welt und immer wieder auch dort, wo einzelne Menschen oder ganze Regierungen glauben, im Umgang mit dem «Feind» allgemein anerkannten Regeln des moralischen Anstands keine Beachtung mehr schenken zu müssen. Die Menschenrechte, so meinen wir, sind auch dort in Kraft, wo sie nicht anerkannt werden, ja selbst dort, wo es nicht einmal eine staatliche Rechtsordnung gibt, die ihre praktische Anerkennung fordert und durchsetzt. Jeder Mensch hat eben ein *natürliches* Recht, in bestimmter Weise behandelt bzw. nicht behandelt zu werden, und unser aller Aufgabe ist es, dafür zu sorgen, daß niemandem auf der Welt dieses Recht verweigert wird.

Nun ist die Vorstellung, daß jeder Mensch über bestimmte ihm von Natur zukommende, unveräußerliche Rechte verfügt – so selbstverständlich uns dies heute auch scheinen mag –, doch historisch betrachtet eine recht neue Entwicklung. Kaum mehr als zweihundert Jahre sind vergangen, seit in der Frühphase der Französischen Revolution die Existenz der Menschenrechte erstmals offiziell verkündet wurde. Es war die von der verfassungsgebenden Versammlung Frankreichs am 26. August 1789 beschlossene *Erklärung der Menschen- und Bürgerrechte*, die den Grundstein für unser heutiges Selbstverständnis legte. Von den Zeitgenossen allerdings wurde diese wohl wichtigste, weil wirkmächtigste Errungenschaft der Revolution längst nicht so enthusiastisch aufgenommen, wie wir es heute vielleicht erwarten würden.

Einer der schärfsten und prominentesten Kritiker der französischen Menschenrechtserklärung war der englische Sozialreformer, Philosoph und Begründer des Utilitarismus Jeremy Bentham (1748–1832). Bentham störte schon der Umstand, daß hier eine einzelne Nation sich mittels eines solchen Dokuments anmaßte, statt nur den eigenen Bürgern Rechte zu verleihen (was völlig in Ordnung gewesen wäre), darüber hinaus auch gleich noch den Bürgern aller *anderen* Nationen Rechte zuzusprechen, so als wüßten die Franzosen weit besser als alle übrigen Nationen, was recht ist und was nicht. Diese Zusprechung könne letztlich nur dem Zweck dienen, eine Legitimationsbasis für den Widerstand gegen rechtmäßig gewählte Regierungen zu schaffen und die Gültigkeit bestehender Gesetze prinzipiell in Frage zu stellen. Die ganze Erklärung sei also im Grunde nichts anderes als eine Ermunterung zum Rechtsbruch, ein anarchistisches Manifest. Darüber hinaus sei fast alles, was in der Erklärung behauptet würde, sofern es überhaupt verständlich sei, blanker Unsinn. Kaum einer der 17 Artikel hält in Benthams Augen der Kritik stand. Wenn es etwa im ersten Artikel heißt, daß alle Menschen frei und gleich an Rechten geboren seien und es auch blieben, so brauche man doch nur hinzuschauen, um zu erkennen, daß genau das Gegenteil wahr sei. Denn niemand lebt in Freiheit. Vielmehr sind wir alle mehr oder weniger von anderen Menschen abhängig und ihrem Willen unterworfen. Die Unfreiheit beginnt mit der Geburt und hört erst mit dem Tod wieder auf. Ebenso wenig hätten alle Menschen die gleichen Rechte, noch sei dies in irgendeiner Weise wünschenswert. Eine funktionierende Gesellschaftsordnung kann es vielmehr nur dann geben, wenn *nicht* jeder das gleiche Recht auf alles hat, sondern statt dessen klar geregelt ist, wer welches Recht auf was hat (und wer es nicht hat).

Die anarchistische, jede staatliche Rechtsordnung unterhöhlende Tendenz, die Bentham der Menschenrechtserklärung zuschreibt, zeigt sich ihm besonders eklatant im zweiten Artikel, in dem erklärt wird, daß das Ziel jedes politischen Verbandes die Wahrung der *natürlichen und unantastbaren Rechte* des Menschen sei, worunter das Recht auf Freiheit, das Recht auf Eigentum, das Recht auf Sicherheit und das Recht auf Widerstand gegen Unterdrückung zu zählen sei. Denn zunächst einmal, meint Bentham, gibt es nicht so etwas wie «natürliche Rechte», also Rechte, die Gültigkeit hätten noch vor ihrer Verankerung in einer staatlichen Rechtsordnung und im Konfliktfall eben auch *gegen* diese. Wohl mag es für jeden Menschen gute Gründe geben, sich die Einführung von Rechten zu *wünschen*, aber solche Gründe sind selbst noch keine Rechte. Niemand, auch nicht die Verfasser der Menschenrechterklärung, habe auch nur die geringste Ahnung, was natürliche Rechte sein sollen. Um so unverfrorener zu behaupten, daß das, von dem man nicht wisse, was es sei, gleichwohl ‹unantastbar› sei: «Natürliche Rechte sind einfach Unsinn. Natürliche und unantastbare Rechte sind rhetorischer Unsinn: Unsinn auf Stelzen.» Selbst wenn man gegen die Vernunft annähme, daß es solche Rechte gebe, käme man doch in Schwierigkeiten zu erklären, wie eine Gesellschaftsordnung möglich sein sollte, die etwa jenes angeblich natürliche Recht auf Freiheit *nicht* antastet. Alle gesetzlich verliehenen Rechte schränken notwendig auch Freiheit ein. Denn Rechte kann es nur geben, wenn es auch korrespondierende Pflichten gibt. Im selben Maß wie dem einen Freiheit gegeben wird, muß einem anderen Freiheit genommen werden.

Und wie steht es mit dem ebenso unantastbaren Recht auf Eigentum? Von welchem Eigentum ist denn hier die Rede? Und wie viel Eigentum? Heißt das, daß mir nichts von dem, was ich erworben habe, jemals wieder genommen werden darf? Ist dann die staatliche Besteuerung ein Verstoß gegen meine natürlichen Rechte (wie tatsächlich manche meinen)? Faktisch kann man dieses Recht auslegen, wie es einem gerade paßt. Gleiches gilt für das behauptete natürliche Recht auf Sicherheit. Verstößt etwa der Strafvollzug gegen dieses Recht? Oder die Verpflichtung, Militärdienst abzuleisten? Letztlich gehe es doch bei all diesen angeblichen Rechten allein darum, sich allen Forderungen, welche die Gemeinschaft an einen stellt und die einem unbequem sind, entziehen zu können. Genau das ist der Sinn der Erklärung, der noch einmal ausdrücklich im Recht auf Widerstand gegen Unterdrückung benannt wird. Denn jedes Gesetz und jede staatliche Maßnahme, die einem persönlich nicht genehm ist, kann jederzeit als Unterdrückung ausgelegt werden und damit den Widerstand legitimieren.

Die Menschenrechtserklärung ist damit, gleich nach der Syphilis, die «zweite französische Krankheit». Sie enthält fast nur Unsinn, aber eben, nach Ansicht Benthams, keinen harmlosen Unsinn: Es liegt eine Drohung darin. Vorgeblich der staatlichen Rechtsordnung vorausgehend steht sie dieser entgegen. Ihre logische Konsequenz ist der Terror, in den die französische Revolution unter Robespierre denn auch bald ausartete. Die Sprache der Menschenrechte ist darum (der Sache, wenn nicht schon der Intention nach) «Terroristensprache». Hätte Shakespeare sie gekannt, er hätte nicht versäumt, sie Jago und Macbeth in den Mund zu legen, denn die Rede von den Menschenrechten eigne sich vorzüglich, um jede Verschwörung zu bemänteln, jedes Verbrechen zu maskieren. Sie gehöre zum Rüstzeug eines jeden Schurken.

Das sind zweifellos starke Töne, und es wird heute wohl kaum jemanden geben, der Benthams vernichtende Kritik nicht für überzogen, wenn nicht gar für ausgesprochen böswillig hielte. Nach dem Ende des Zweiten Weltkrieges, nach der willkürlichen und gnadenlosen Vernichtung von Millionen von Menschen durch eine rechtmäßig gewählte deutsche Regierung, schien es mehr denn je geboten, mit aller Kraft auf die weltweite Anerkennung der Menschenrechte hinzuarbeiten. Die *Allgemeine Erklärung der Menschenrechte* von 1948 war die Antwort auf die vorangegangene Barbarei. Ganz ähnlich wie in der französischen Menschenrechtserklärung von 1789 heißt es dort im ersten Artikel: «Alle Menschen sind frei und gleich an Würde und Rechten geboren.» Bentham hätte keine Schwierigkeiten gehabt, dies als unsinnige Behauptung bloßzustellen. Und tatsächlich hat ja die Behauptung einer angeborenen Würde und von angeborenen, nicht verliehenen Rechten in der Zwischenzeit nichts von ihrer Merkwürdigkeit verloren. Was kann denn die Behauptung der Würde eines jeden Menschen anderes bedeuten als daß wir jeden Menschen so behandeln *sollten*, als hätte er eine solche Würde? Wenn wir aber fragen, *warum* wir jeden so behandeln sollten, können wir wieder nur auf die angebliche Würde und die angeborenen, natürlichen Rechte verweisen. Wir drehen uns im Kreis. Gleichwohl läßt sich leicht sehen, wie wichtig es ist, an der Behauptung der Menschenwürde festzuhalten. Wir müssen, um unserer eigenen Menschlichkeit willen, daran glauben, daß es irgendeine Instanz gibt, die der staatlichen Willkür, wenn schon nicht faktisch, so doch normativ Grenzen setzt. Es handelt sich um einen säkularen Glaubensartikel, ein ethisches Dogma, das wir vielleicht gar nicht unbedingt verstehen müssen, um es für wahr zu halten und in der Folge auch wahr zu machen.

Allerdings können wir heute auch erkennen, daß Bentham nicht ganz Unrecht hatte, der Rhetorik der Menschenrechte zu mißtrauen. Wir haben inzwischen erfahren müssen, daß die Behauptung, die Menschenrechte verteidigen zu wollen, sich vortrefflich dazu eignet, Angriffskriege zu rechtfertigen, während es in Wahrheit darum geht, ökonomische oder machtstrategische Interessen zu fördern. Im Namen der Menschenrechte kann man getrost das Völkerrecht mißachten. Denn um sie zu verteidigen, müssen unter Umständen große Opfer in Kauf genommen werden, vorzugsweise Opfer derer, die man zu schützen auszieht. Notfalls läßt sich, im «Krieg gegen den Terror», sogar auf die Einhaltung der Menschenrechte selbst verzichten – um der Menschenrechte willen, versteht sich.

12.

Das Nichtidentitäts-Problem

Kürzlich spekulierte meine siebenjährige Tochter, wie es wohl für sie wäre, wenn ihre Mutter mich niemals kennengelernt und statt meiner einen anderen Mann geheiratet hätte, woraufhin ich ihr antwortete, daß es überhaupt nicht für sie wäre, weil sie dann gar nicht da wäre. Tatsächlich ist es ja sogar so, daß wenn meine Frau und ich sie nicht an dem Tag gezeugt hätten als wir es taten, sie dann gar nicht gezeugt worden wäre. Denn hätte die Zeugung nur ein wenig früher oder später stattgefunden, dann wäre es nicht zu einer Verschmelzung jener Samen- und Eizelle gekommen, aus der sie dann später entstanden ist. Sie würde also nicht existieren. Das zu hören hat sie einigermaßen verblüfft. Und es ist ja auch wirklich verblüffend zu denken, daß unser aller Existenz so sehr an einen bestimmten Zeitpunkt der Zeugung geknüpft ist, daß es, bevor es dazu kam, ausgesprochen unwahrscheinlich war, daß wir jemals existieren würden. Nicht nur, wenn unsere Eltern sich gar nicht kennengelernt hätten, gäbe es uns nicht, sondern auch bereits, wenn nur irgend etwas ein kleines bißchen anders gelaufen wäre, so daß der besondere Moment, in dem allein gerade *wir* gezeugt werden konnten, verpaßt worden wäre.

Nun entstehen aus diesem Umstand, wie der 1943 geborene britische Philosoph Derek Parfit aufgezeigt hat, gewisse Probleme hinsichtlich der moralischen Beurteilung von Handlungen, die Einfluß auf die Existenz der in Zukunft lebenden Menschen haben. Denn wir können, wie unsere Anfangsüberlegung zeigt, nicht nur durch unser Handeln das Schicksal zukünftig lebender Menschen beeinflussen, sondern auch, *wer* in der Zukunft leben wird. Daß wir auch moralische

Verpflichtungen gegenüber zukünftigen Generationen haben, wird gemeinhin nicht bestritten. So finden wir es etwa notwendig, radioaktiven Müll so zu lagern, daß er auch in zehntausend Jahren, wenn wir selbst und unsere Kinder und Enkel längst gestorben sein werden, niemanden gefährdet. Es scheint uns also, als hätten zukünftige Generationen, obwohl sie im Augenblick noch gar nicht existieren, doch ebenso ein Recht, nicht von uns geschädigt zu werden, wie es Menschen haben, die zwar heute, aber weit entfernt von uns leben. Was aber, wenn auch die *Identität* der zukünftig lebenden Menschen von unserem Handeln mitbetroffen ist, so daß die Menschen, die unter einer unzureichenden Lagerung unseres Atommülls zu leiden hätten, gar nicht *dieselben* wären wie die, die existieren würden, wenn wir uns um ausreichende Sicherheit kümmerten?

Nehmen wir an, ein vierzehnjähriges Mädchen beschließt, ein Kind zu bekommen. Weil sie aber noch so jung ist, wird sie Mühe haben, sich so gut um das Kind zu kümmern, wie sie es wahrscheinlich könnte, wenn sie noch ein paar Jahre warten würde. Sie tut ihrem Kind also keinen Gefallen; sie fügt ihm einen vermeidbaren Schaden zu. Dies wird nun vorgebracht, um ihr die Idee auszureden. Doch ist dieses Argument, wenn man näher darüber nachdenkt, nicht stichhaltig. Denn *dem* Kind, das sie jetzt bekommen würde, fügt sie ja gar keinen Schaden zu. Würde sie warten, dann würde *dieses* Kind niemals existieren. Die vergleichsweise schlechten Lebensumstände sind also Voraussetzung seiner Existenz. Somit ist es faktisch ausgeschlossen, daß es in andere Lebensumstände hineingeboren würde.

Wir können die Problematik noch ein wenig verschärfen, indem wir annehmen, daß das Kind, das sie jetzt bekäme, unter einer schweren Krankheit leiden würde, dies aber nicht der Fall wäre, wenn sie ihr Kind erst später bekäme. Solange die Krankheit nicht so schwer ist, daß das Leben des Kindes, das jetzt entstünde, für dieses überhaupt keinen Wert mehr hat (es also besser dran wäre, wenn es gar nicht erst geboren worden wäre), sieht es so aus, als füge sie ihm durch ihre Entscheidung, nicht zu warten, keinen Schaden zu. Denn *dieses* Kind könnte nicht existieren ohne seine schwere Krankheit. Dennoch haben wir den Eindruck, daß die Entscheidung der Mutter moralisch zumindest bedenklich ist. Es scheint, als täte sie etwas Unrechtes, wenn sie wissentlich ein krankes Kind empfängt, wenn sie genauso gut, würde sie nur ein wenig warten, ein gesundes haben könnte. Wie ist das aber möglich, wenn es doch niemanden gibt, dem Schaden zugefügt wurde? Kann denn eine Handlung moralisch schlecht sein, ohne daß es jemanden gibt, dem aus dieser Handlung ein Schaden entsteht? Parfit nennt dieses Problem das «Nichtidentitäts-Problem».

Die genannte Schwierigkeit besteht aber nicht nur im Hinblick auf die direkten Folgen unserer individuellen Entscheidungen über den Zeitpunkt der Zeugung von Nachkommen, sondern auch hinsichtlich der langfristigen Folgen der politischen Entscheidungen, die wir als Gesellschaft treffen. Stellen wir uns vor, wir müßten entscheiden, welche Wirtschaftspolitik wir betreiben. Wir hätten zwei Möglichkeiten: Wir könnten entweder a) das Ziel verfolgen, den Lebensstandard in unserer westlichen Gesellschaft während der nächsten hundert Jahre auf dem gleichen hohen Niveau zu halten wie bisher, und dafür in Kauf nehmen, daß danach durch den Wegfall vieler Resourcen der Lebensstandard so drastisch sinkt, daß die Menschen, die in zweihundert Jahren leben, auf vieles verzichten müssen, was uns heute selbstverständlich ist. Oder aber b) wir bemühen uns darum, nachhaltig zu wirtschaften, um zukünftige Generationen nicht der Mittel zu berauben, die nötig sind, um weiterhin einigermaßen anständig zu leben. Das aber erfordert von uns die Bereitschaft, jetzt selbst auf ein paar Dinge zu verzichten, das heißt nicht mehr ganz so sehr aus dem Vollen zu schöpfen, wie wir das gewohnt sind. Die zweite Option zu wählen, würde also bedeuten, jetzt einen kleinen Nachteil in Kauf zu nehmen, um die nach uns Lebenden vor einem großen Nachteil zu bewahren. Natürlich stellen wir erfahrungsgemäß unsere eigenen Interessen nur sehr ungern hintan. Der Eigennutz ist immer ein sehr starkes Motiv. Aber wenn wir uns fragen, was unter moralischen Gesichtspunkten zu tun richtig wäre, dann würden die meisten von uns wohl zugeben, daß wir uns gesamtgesellschaftlich gesehen für ein nachhaltiges Wirtschaften entscheiden sollten. Ob wir uns tatsächlich dazu durchringen könnten, den kleinen Verzicht zu leisten, der dazu nötig wäre, ist eine andere Frage.

Nun kommt uns aber wieder Parfits Nichtidentitäts-Problem in die Quere. Wir haben bei der moralischen Beurteilung der zwei Handlungsalternativen nämlich stillschweigend vorausgesetzt, daß diejenigen, die in der Zukunft von einer heute betriebenen nachhaltigen Wirtschaftpolitik profitieren würden, *dieselben* Menschen sind, die von einer nicht nachhaltigen, also die vorhandenen Resourcen verbrauchenden Politik negativ betroffen würden. Tatsächlich werden es aber *nicht* dieselben Menschen sein. Denn die gewählte Politik hat auch Einfluß auf unser individuelles Leben, sei er auch anfänglich noch so klein. Die Unterschiede, die aus diesem Einfluß entstehen, mögen zunächst geringfügig sein, aber mit der Zeit potenzieren sie sich. Es wird sicher ein paar Menschen geben, die im einen Fall zusammenkommen und Kinder zeugen, im anderen Fall sich aber niemals begegnen würden. Und es wird noch eine ganze Reihe mehr geben, deren Kinder nicht zum selben Zeitpunkt gezeugt würden. Es werden also andere Menschen geboren werden, die wiederum das Leben anderer Menschen beeinflussen und die selbst wieder Kinder zeugen, die es im anderen Fall nie gegeben hätte. So werden mit der Zeit alle Menschen andere sein als die, die leben würden, wenn wir uns heute für eine andere Politik entschieden hätten.

Was aber folgt nun daraus? Eben das gleiche wie oben, nämlich daß wir letztlich niemanden ausmachen können, der durch eine selbstsüchtige, nur auf den Vorteil der jetzt lebenden Menschen achtende Politik einen Schaden erlitte. Zwar wird es dann den zweihundert Jahre in der Zukunft lebenden Menschen schlechter gehen als wenn wir eine Politik der Nachhaltigkeit betrieben, aber da erstens diese Menschen im einen

Fall nicht dieselben sein werden wie im anderen, zweitens die, die es schlechter haben, überhaupt nicht existieren würden, wenn wir uns um nachhaltiges Wirtschaften bemüht hätten, und schließlich drittens ihre Lage nicht so schlecht sein wird, daß es für sie besser wäre, überhaupt nicht zu existieren, ist schwer zu sehen, was an einer nicht nachhaltigen Politik eigentlich falsch sein sollte. Schließlich gilt, daß egal, für welche der beiden Alternativen wir uns heute entscheiden, ob für Nachhaltigkeit oder rücksichtslosen Raubbau, die später Lebenden in keinem Fall einen Grund haben, sich zu beschweren. Sie können froh und dankbar sein, daß es sie überhaupt gibt.

Wenn diese Folgerung aber zutrifft, dann müssen wir uns offenbar entweder vom Prinzip der Personbezogenheit verabschieden – das heißt, der Vorstellung, daß alles, was moralisch schlecht ist, *für jemanden* schlecht sein muß –, oder aber akzeptieren, daß es moralisch gesehen keinen Unterschied macht, für welche Politik wir uns entscheiden, mithin die beiden genannten Handlungsalternativen moralisch völlig gleichwertig sind. Parfit selbst hält eine solche Gleichwertigkeit für unplausibel, weil sie unseren moralischen Intuitionen widerspreche, und plädiert deshalb dafür, das Prinzip der Personbezogenheit aufzugeben, also unseren Begriff des moralisch Schlechten abzukoppeln von der Frage, ob jemand geschädigt wird oder nicht. Denn dies Letztere sei, wie die Diskussion des Nicht-Identitäts-Problems gezeigt habe, unerheblich. Handlungen sind moralisch schlecht, wenn ihre Folgen schlecht sind, aber diese Folgen können auch dann (in einem moralisch relevanten Sinne) schlecht sein, wenn es niemanden gibt, *für den* sie schlecht sind.

Müssen wir aber dann nicht annehmen, daß es in der Moral eigentlich gar nicht darum gehen kann, das Wohl anderer Menschen zu fördern oder sie wenigstens vor Schaden zu bewahren, sondern vielmehr darum, die *Gesamtsumme* des Wohls oder Glücks oder ganz einfach dessen, was ein Leben lebenswert macht, in der Welt möglichst hoch zu halten oder wenigstens durch unsere Handlungen nicht zu beeinträchtigen – wobei es ganz gleichgültig ist, welche Menschen (oder Lebewesen) in den Genuß dieses Glücks kommen? Dies würde jedoch voraussetzen, daß sich so etwas wie Wohl oder Glück überhaupt sinnvoll summieren läßt. Aber tut es das? Wie sollen wir uns das in der Praxis vorstellen? Sicher, man kann zuweilen sagen, daß Hans glücklicher ist als Heinz, aber macht es auch Sinn zu sagen, daß Hans dreimal so glücklich ist wie Heinz, oder anderthalb mal?

13

Die widrige Schlußfolgerung und zwei Höllen

Die klassische, aber deshalb heute unter Philosophen nicht weniger beliebte utilitaristische Ansicht, daß die Moral von uns fordere, den Gesamtnutzen zu steigern – das heißt üblicherweise dafür zu sorgen, daß es möglichst wenig Leid und möglichst viel Glück oder positive Erfahrungen in der Welt gibt –, scheint durch das im vorigen Kapitel vorgestellte Nichtidentitäts-Problem gestärkt zu werden. Doch auch wenn man von der berechtigten und für die ethische Praxis entscheidenden Frage absieht, ob und wie denn so etwas wie Glück und Leid überhaupt gemessen und miteinander verrechnet werden kann, begegnet auch diese Ansicht einem ernsthaften Problem, wie erneut Parfit gezeigt hat.

Wenn man annimmt, daß sich unsere Entscheidungen allein an der *Quantität* des Glücks orientieren sollten, daß es also soviel wie möglich Glück in der Welt und so wenig wie möglich Leid gibt, und zwar ganz unabhängig davon, wer davon betroffen ist und wie hoch der Anteil am Gesamtglück ist, der dem einzelnen zukommt, dann ist es wohl auch besser, wenn möglichst *viele* glückliche Wesen in der Welt existieren. Zwei sind dann besser als nur einer, drei sind besser als zwei usw. Entsprechend gilt, daß es besser ist, wenn acht Milliarden Menschen auf der Erde leben, als wenn es nur vier Milliarden sind, vorausgesetzt, daß die acht Milliarden ein vergleichbares Lebensniveau haben, das heißt, im Durchschnitt nicht unglücklicher sind als die vier Milliarden. Sagen wir der Deutlichkeit halber, daß ihr Glücksniveau auf einer noch zu schaffenden Glücksskala den Durchschnittswert 10 erreicht. (Wir tun hier einmal so, als sei es möglich, eine solche Skala zu erstellen.) Das heißt, jedes Individuum verfügt durchschnittlich über zehn Glücksquanten. Ist das durchschnittliche individuelle Glücksniveau in beiden Welten gleich, dann gibt es auf einer von acht Milliarden Menschen bevölkerten Erde demnach doppelt so viel Glück wie auf einer nur von vier Milliarden bewohnten Erde, nämlich eine Summe von achtzig Milliarden Glücksquanten statt nur von vierzig Milliarden. Also verdient die Achtmilliarden-Erde den Vorzug.

Nun stellen wir uns vor, daß das durchschnittliche individuelle Glücksniveau auf einer doppelt so stark bevölkerten Erde nicht gleich, sondern *geringer* wäre (weil es weniger Platz für alle gäbe, eine höhere Arbeitslosigkeit, mehr Umweltverschmutzung usw.). Müßte man ihr dann immer noch den Vorzug geben? Die Antwort hängt allein davon ab, ob die *Gesamtsumme* des Glücks weiterhin größer ist: Solange jeder auf der Achtmilliarden-Erde nur im Durchschnitt ein klein wenig mehr als halb so glücklich ist wie die Menschen auf der Viermilliarden-Erde, ist sie moralisch gesehen dieser vorzuziehen. 5,1 Glücksquanten pro Individuum bei einer Bevölkerungsanzahl von acht Milliarden sind immer noch besser, das heißt, addieren sich zu einer größeren Gesamtsumme, als 10 Glücksquanten pro Individuum bei einer Bevölkerungsanzahl von vier Milliarden. Das im Vergleich erheblich geringere Lebens- oder Glücksniveau, das der einzelne hinnehmen müßte, würde also aufgewogen durch die Steigerung der Anzahl derer, die daran teilhaben.

Was aber, wenn das Glücksniveau jedes einzelnen durchschnittlich nur noch so hoch wäre, daß das Leben zwar noch lebenswert ist, aber nur so eben gerade noch? Wäre es noch ein wenig geringer, würde man es vorziehen, nicht zu leben. Aber die Schwelle, wo das Leben aufhört, lebenswert zu sein, ist noch nicht *ganz* erreicht: Es ist gerade noch auszuhalten. Auch für diesen Fall läßt sich eine Bevölkerungszahl berechnen, die so hoch ist, daß die Gesamtsumme des Glücks doch noch höher ist als die Gesamtsumme des Glücks auf der Viermilliarden-Erde, obwohl dort das Lebensniveau viel höher ist. Wenn, wie wir angenommen haben, die Gesamtsumme des Glücks auf der Viermilliarden-Erde vierzig Milliarden Glücksquanten beträgt und in der gerade noch lebenswerten Welt, die wir uns jetzt vorstellen, auf jeden einzelnen nur noch 0,1 Glücksquanten entfielen, dann könnte diese Welt immer noch besser sein als jene, nämlich dann, wenn die Bevölkerungsanzahl mehr als hundert mal so hoch wäre. Eine solche Schlußfolgerung wird aber kaum jemand akzeptieren wollen. Parfit spricht darum zu Recht von einer «widrigen» oder «abstoßenden» Schlußfolgerung (repugnant conclusion). Lehnen wir aber diese Schlußfolgerung ab, müssen wir auch zugeben, daß wir uns in unseren Entscheidungen wohl doch nicht allein an der Quantität des Glücks orientieren können oder sollten.

Nun könnte man meinen, daß sich das Problem leicht ausräumen läßt, wenn man als ethischen Entscheidungsmaßstab nicht den Gesamtnutzen, sondern vielmehr den Durchschnittsnutzen zugrundelegt. Wenn es falsch ist oder jedenfalls zu einer widrigen Schlußfolgerung führt, für jede mögliche Welt einfach die Glücksniveaus aller Individuen zu einer Gesamtsumme zu addieren und dann die Gesamtsummen der verschiedenen möglichen Welten miteinander zu vergleichen, dann ist es vielleicht richtig, diese Gesamtsummen jeweils noch einmal durch die Anzahl der Individuen zu dividieren und dann die *Durchschnittswerte* zu vergleichen. Tun wir das nämlich, müssen wir die hypothetischen Alternativen, die wir eben diskutiert haben, ganz anders beurteilen. Es zeigt sich dann, daß die Achtmilliarden-Erde und die Viermilliarden-Erde moralisch gleich erstrebenswert sind, wenn das durchschnittliche Glücksniveau in beiden gleich ist. In beiden Fällen beträgt der Durchschnittswert 10. Dieser Wert sinkt nur dann, wenn das durchschnittliche Glücksniveau abnimmt, nicht aber, wenn nur die Bevölkerungszahl sinkt (ohne daß es dadurch zu einer Steigerung des individuellen Glücksniveaus kommt). Genausowenig läßt sich der Wert durch eine Erhöhung der Bevölkerungszahl anheben. Die gerade noch lebenswerte Welt ist also in jedem Fall schlechter als jede andere, in der das durchschnittliche Lebensniveau höher ist, und zwar ganz gleich, wieviele Menschen in dieser Welt leben. Diese Lösung entspricht nicht nur unseren Intuitionen viel besser, sondern vermeidet überdies sowohl das Nichtidentitäts-Problem als auch die oben angeführte widrige Schlußfolgerung. Doch leider taucht hier sogleich ein neues Problem auf, das Parfit uns durch folgendes Gedankenexperiment anschaulich vor Augen führt.

Stellen wir uns zwei Höllen vor. In Hölle Nr. 1 gibt es nur zehn unschuldige Menschen, die fünfzig Jahre lang furchtbare Qualen erdulden müssen. Ihr Leben ist so schrecklich, daß ihr Glücksniveau sich nur noch durch einen negativen Wert beschreiben ließe. Es hat also weniger als gar keinen Wert, und wenn sie nur könnten, würden sie sich umbringen. In Hölle Nr. 2 hingegen leben zehn *Millionen* unschuldige Menschen, die genauso furchtbaren Qualen unterworfen sind wie die zehn Menschen in Hölle Nr. 1, nur mit dem Unterschied, daß ihr Leiden nicht fünfzig Jahre, sondern fünfzig Jahre minus einen Tag dauert. Welche dieser Höllen ist nun schlimmer, Hölle Nr. 1 oder Hölle Nr. 2? Damit ist nicht gemeint, in welcher der beiden Höllen wir selbst lieber sein würden. Wenn man uns das fragte, würden wir wohl Hölle Nr. 2 vorziehen, weil wir dann einen Tag weniger leiden müßten. Jedenfalls hätten wir keinerlei Grund, uns Hölle Nr. 1 auszusuchen. Nach unserer persönlichen Präferenz wird hier aber nicht gefragt. Was wir beurteilen sollen, ist vielmehr, welche der beiden Höllen *an sich* schlechter ist. (Vielleicht hilft es, sich vorzustellen, der Teufel stünde vor der Wahl, entweder die eine oder die andere Hölle zu *schaffen*. Welche würde er, der stets das Böseste will, wählen?) Verstehen wir die Frage aber so, dann würden wir wohl eher dazu neigen, die zweite Hölle, in der eine Millionen Mal so viele Menschen leiden wie in der ersten Hölle, für weit schlimmer zu halten. Wenn wir das aber tun, orientieren wir uns mit einem Mal nicht mehr am Durchschnittsnutzen, sondern plötzlich wieder am Gesamtnutzen. Die zweite Hölle erscheint schlimmer, weil mehr Menschen darin leiden, obwohl das Leiden darin für jeden einzelnen geringer ist. Das Leiden ist also hier *insgesamt* größer, was für unsere Einschätzung wichtiger zu sein scheint als der Umstand, daß das durchschnittliche Leidensniveau nicht ganz so hoch ist. Danach sieht es wieder so aus, als spielte Quantität doch eine gewisse Rolle bei der moralischen Beurteilung von Handlungsergebnissen. Und tatsächlich haben wir ja auch den Eindruck, daß das Unrecht, das jemand verübt, umso größer ist, je mehr Menschen davon betroffen sind. In unserer Wahrnehmung ist es schlimmer, zwei Menschen zu quälen als nur einen, und zwar selbst dann, wenn jene beiden nicht ganz so arg gequält werden wie dieser eine.

Offenbar sind wir also mit unseren Überlegungen in eine Sackgasse geraten. Egal welches Prinzip wir befolgen, stets stoßen wir auf Probleme, die es uns schwer, wenn nicht gar unmöglich machen, das Prinzip aufrechtzuerhalten. Immer wieder müssen wir feststellen, daß unsere klaren Urteilsprinzipien mit unseren moralischen Intuitionen in Konflikt geraten. Auch Parfit findet letztlich nicht die von ihm gesuchte, alle aufgezeigten Schwierigkeiten lösende «Theorie X». Er zweifelt allerdings nicht daran, daß sich diese Theorie finden läßt, wenn wir uns nur Zeit lassen und vor allem genug Mühe geben. Aber vielleicht ist das ein Irrtum. Erfüllen ließe sich diese Erwartung nämlich nur, wenn wir entweder die Theorie ganz in Absehung von unseren moralischen Intuitionen entwickelten, diese also durch die Theorie ersetzten, oder aber wenn unsere moralischen Intuitionen selbst schon ein konsistentes und kohärentes System bildeten. Ersteres wäre etwa so, als beschlössen die Kunsttheoretiker (statt sich weiterhin damit abzumühen, die tatsächlich vorhandene Kunst zu verstehen), den Begriff Kunst einfach apriori zu *definieren* – auf die Gefahr hin, daß danach nichts mehr von dem, was wir als Kunst anzusehen gewohnt sind, von den Kunsttheoretikern noch als Kunst anerkannt wird. Sowenig aber wie eine sinnvolle Theorie der Kunst die Kunst umgehen kann, sowenig kann eine sinnvolle Theorie der Moral die moralischen Intuitionen umgehen. Für die Annahme aber, daß diese Intuitio-

nen gleichsam einen logischen Kern haben und sich letzt-
endlich in ein widerspruchsfreies System bringen lassen müßten, gibt es keinen Grund – außer vielleicht dem bei Philosophen meist besonders stark ausgeprägten Wunsch nach einer
vernünftig geordneten Welt.

14

Tiermaschinen

Wenn man einmal genauer hinsieht, wie in unserer Gesellschaft mit sogenannten Nutztieren umgegangen wird und wie viel Leiden Millionen von Tieren zu unserer aller Bequemlichkeit erdulden müssen, kann einem schon der Appetit vergehen. Darum sehen wir meistens lieber nicht so genau hin. Jene, die es doch tun, fühlen sich zuweilen versucht, die Tötungs- und Verwertungsmaschinerie, die wir um die Tiere herum aufgebaut haben, mit dem Holocaust zu vergleichen. Dieser Vergleich wiederum löst bei vielen anderen Empörung aus. Das sei kein statthafter Vergleich, heißt es. Offenbar sind die meisten doch der Meinung, daß was wir den Tieren zufügen, bei weitem nicht so schlimm sei wie das, was im Namen Deutschlands Menschen zugefügt wurde. Und warum ist es nicht so schlimm? Weil Tiere eben keine Menschen sind. Sie fühlen nicht so wie wir und leiden nicht so sehr unter ihrer Situation wie ein Mensch es täte. Ja, es ist fraglich, ob man überhaupt sinnvollerweise davon reden kann, daß Tiere leiden, wenn nämlich zum Leiden ein über den reinen physischen Schmerz hinausgehender Erfahrungshorizont gehört, ein Ich-Bewußtsein, ein Verständnis der Situation, ein Bewußtsein des Verlusts und Beraubtseins. Das alles fehlt angeblich den Tieren. Das aber, was übrig bleibt, wenn man das seelische Leiden abzieht – der rein physische Schmerz nämlich, der nicht «seelisch» erlebt wird – kann den Tieren ruhig als Opfer abverlangt werden. So meinen wir und rechtfertigen damit unseren Umgang mit ihnen. Würden wir hingegen tatsächlich davon ausgehen, daß es für die Tiere auch nur annähernd so schlimm ist, ihr Leben lang auf engstem Raum eingesperrt, isoliert und schließlich getötet zu werden, wie es dies für uns wäre, dann wären wir kaum in der Lage, eine solche Praxis vor uns selbst moralisch zu vertreten. Noch besser für die Beruhigung unseres Gewissens wäre es freilich, wenn wir annehmen dürften, daß Tiere überhaupt nichts empfinden, nicht einmal physischen Schmerz.

Diese Auffassung ist auch wirklich vertreten worden, zuerst, mit einer gewissen Zurückhaltung, von René Descartes (1596–1650) und dann, mit größerer Selbstgewißheit, von den vielen, die ihm und seiner Philosophie im späten 17. Jahrhundert folgten. Tiere, meinte Descartes, mögen zwar den Eindruck erwecken, Verstand zu haben, aber eine Uhr oder ein beliebiger anderer Automat könnte auch diesen Eindruck erwecken, wenn wir es nicht besser wüßten. Daß wir Uhren nicht für verständige Wesen halten, liegt allein daran, daß wir um ihre Funktionsweise wissen und begreifen, wie sie ohne Verstand auskommen können. Tiere aber tun nichts, das sie nicht auch ohne Verstand tun könnten, im Unterschied zum Menschen, der sich sprachlich auszudrücken und frei, das heißt flexibel und der Situation angemessen, zu handeln vermag. Tiere sind daher von Maschinen, das heißt von rein physischen, nach Kausalgesetzen bestimmten Apparaten, nicht zu unterscheiden. «Wenn es Maschinen mit den Organen und der Gestalt eines Affen oder eines anderen vernunftlosen Tieres gäbe, so hätten wir kein Mittel, das uns nur den geringsten Unterschied erkennen ließe zwischen dem Mechanismus dieser Maschinen und dem Lebensprinzip dieser Tiere.» Es gibt daher keinen zwingenden Grund für die Annahme, daß Tiere Verstand besäßen, und das heißt für Descartes: eine geistig-seelische Dimension. Man sollte daher eher davon ausgehen, daß Tiere nur ausgedehnte Dinge (res extensa) sind, nicht jedoch Dinge, die über Bewußtsein verfügen (res cogitans). «Nulle matière ne pense. Toute ame de bete est matière. Donc nulle ame de bete ne pense», sollte später der cartesianische Theologe und Philosoph Antoine Arnauld (1612–1694) in der berühmten Logik von Port-Royal als Beispiel für einen absoluten Syllogismus anführen: Nichts Materielles denkt.

Alle Tierseelen sind materiell. Also denkt kein Tier. Wenn das aber so ist, dann empfinden Tiere auch keinen Schmerz, denn «Denken» schließt für die Cartesianer das bewußte Empfinden ein. Sie vollziehen zwar ähnliche körperliche Bewegungen wie wir, wenn wir Schmerz empfinden, aber das ist auch alles. Die Bewegung ist hier also nicht, wie beim Menschen, Begleiterscheinung oder Ausdruck eines tatsächlich empfundenen Schmerzes, sondern eben nur eine unwillkürliche körperliche Reaktion auf einen Reiz. Descartes hebt hervor, daß diese Auffassung nicht im mindesten grausam gegenüber Tieren sei, wohl aber dem Menschen zugute komme: Denn nun könne man ohne jede Schuldgefühle Tiere töten und essen.

Descartes selbst war allerdings nicht völlig davon überzeugt, daß seine Lehre von den Tiermaschinen richtig sei. Gewißheit, so meinte er, könne man in diesem Punkt nicht erlangen. Auch scheint Descartes keine praktischen Konsequenzen aus seiner Ansicht gezogen zu haben: Er soll in seinem persönlichen Verhalten Tieren gegenüber freundlich gewesen sein. Seine Nachfolger waren da schon weniger zimperlich. Der ehrwürdige Vater und philosophisch bedeutendste Nachfolger Descartes', Nicolas de Malebranche (1638–1715), soll einmal im Beisein Fontenelles eine trächtige Hündin, die sich ihm vertrauensvoll näherte, ohne ersichtlichen Grund heftig in den Bauch getreten haben. Als die Hündin vor Schmerz aufheulte und Fontenelle sich eines Ausrufs des Mitgefühls nicht erwehren konnte, tadelte Malebranche diesen mit den Worten: «Wie, wissen Sie denn nicht, daß sie nichts empfindet?» Auch im Kloster von Port-Royal des Champs, das von Arnauld und dem Cartesianismus dominiert wurde, wurden, wenn man einem zeitgenössischen Bericht Glauben schenken will, Tiere mit der größten Gleichgültigkeit gequält. Man machte sich lustig über diejenigen, die Mitleid mit den Tieren empfanden, so als ob diese tatsächlich Schmerz empfänden. Tiere seien in Wahrheit Uhren, hieß es: Die Schreie, die sie von sich gäben, wenn man sie schlüge, seien nur die Geräusche einer Springfeder, die angerührt werde. Erfüllt von dieser Überzeugung nagelten die Geistlichen dann Hunde an ihren vier Pfoten an Bretter und schnitten sie dann lebendig auf, um den Blutkreislauf beobachten zu können.

Dank der cartesianischen Lehre, daß Tiere keine immateriellen, unsterblichen Seelen hätten und damit auch kein Empfindungsvermögen (denn hätten sie dieses, hätten sie auch Bewußtsein und wären als denkende Substanzen ihrem Wesen nach unsterblich) wurde die Vivisektion bald zu einer gängigen Praxis. Schon damals glaubte man, daß es einer Rechtfertigung bedürfe, Tiere zu quälen und zu töten. Die Lehre von den Tiermaschinen bot eine solche Rechtfertigung, und es ist recht wahrscheinlich, daß dieser Umstand zu ihrer Popularität beitrug. Ein Argument, das immer wieder auftauchte, wenn es galt, die ja zunächst einmal unserer alltäglichen Erfahrung widerstreitende Lehre zu verteidigen, war das folgende: Gott ist gut und gerecht. Daran kann ein Christ nicht zweifeln. Wenn dennoch zuweilen scheinbar unschuldige Menschen schweres Leid erdulden müssen, so erklärt sich dies aus der Erbsünde: sie erleiden die gerechte Strafe für den Sündenfall. Zugleich können sie darauf hoffen, daß ihr Leiden im Himmel wiedergutgemacht wird. Tiere hingegen haben weder an der Erbsünde teil, noch gibt es für sie ein Leben nach dem Tod. Daher wäre es höchst ungerecht, wenn sie tatsächlich so viel leiden müßten, wie sie es zu tun scheinen. Da Gott aber nichts Unrechtes tut, ist es ausgeschlossen, daß die Tiere wirklich leiden. Also haben sie kein Empfindungsvermögen, und egal, was wir ihnen auch tun, fügen wir ihnen doch nichts Schlechtes zu. Die für das Christentum unverzichtbare Voraussetzung, daß Gott gut sei, zwingt uns also förmlich (wie schon zuvor zur Annahme der Erbsündenlehre) zur Annahme der Tiermaschinen-Lehre, die sich ihrerseits wieder vorzüglich zur Beruhigung des Gewissens eignet. Paradoxerweise wird diese Lehre im späten 17. Jahrhundert damit gerade für jene attraktiv, denen das Wohl der Tiere am Herzen liegt: Wer Tiere liebte, tat gut daran, sie nicht für empfindungsfähig zu halten. Schon aus humanitären Gründen sollte man sich also den Lehren der Cartesianer anschließen.

Freilich gab es auch damals schon erhebliche Widerstände. Mag es auch in der Theorie gute Gründe für die Annahme der Lehre geben, so ist es doch schwer, die sich beim Anblick eines unter der Vivisektion schreienden Tieres unmittelbar einstellende Gewißheit, daß hier ein Wesen Schmerzen empfindet, auszuschalten. Wenn es wirklich nur eine Gewohnheit ist, Tiere nicht als Automaten zu betrachten (und wir uns hier, wie der deutsche Cartesianer Johann Clauberg meinte, wie Kinder verhalten, die ihren Puppen Gefühle zuschreiben), so ist es doch eine sehr hartnäckige und kaum zu überwindende Gewohnheit. Man muß schon den Blick abwenden und die Ohren verschließen, um daran glauben zu können, daß es vielleicht nicht so ist, wie es uns die Augen und Ohren eindringlich versichern. Das Zeugnis der Sinne jedoch galt den Cartesianern wenig. Die Sinne sind trügerisch, allein auf den Verstand ist Verlaß. Aber wenn wir dem Zeugnis der Sinne nicht mehr trauen, bleibt wenig übrig, dessen wir uns noch gewiß sein können. Wenn wir die Tiere für Automaten halten, warum dann nicht auch andere Menschen? Descartes konnte sich nicht vorstellen, daß man eine Maschine bauen könnte, mit der man sich tatsächlich unterhalten könne, ohne sogleich zu merken, daß es sich um eine Maschine handelt. Heute scheint uns dies nicht mehr ganz so unmöglich zu sein. Und warum sollen wir überhaupt an die Existenz einer Außenwelt glauben, wenn wir unseren Sinnen nicht mehr vertrauen wollen? Descartes selbst mußte sich erst der Existenz Gottes versichern, bevor er auch der materiellen Welt ihre Existenz zugestehen konnte.

Dem Zeugnis der Sinne ganz zu mißtrauen, ist nicht möglich; wohl aber, selektiv wahrzunehmen und manchem, was sich uns darbietet, einfach keine Beachtung zu schenken. Wenn wir heute dazu neigen, das Leiden der Tiere für geringer zu halten als das unsere, dann mag das zum einen daran liegen, daß dieses Leiden weitgehend hinter verschlossenen Türen stattfindet und der allgemeinen Wahrnehmung entzogen bleibt, zum anderen aber an dem starken Mitgefühl für die Tiere, dessen auch wir uns nicht enthalten können.

15

Dir geht's gut, wie geht's mir?

Als im Jahr 1913 der Experimentalpsychologe John B. Watson (1878–1958) an der Universität von Columbia seine berühmte Vorlesung über «Psychologie, wie der Behaviorist sie sieht» hielt, war die Aufregung groß. Vertrat Watson doch tatsächlich die unerhörte Ansicht, daß die Psychologie ausgerechnet dasjenige unbeachtet lassen solle, was sie bislang als ihren ureigensten Gegenstand zu betrachten gewohnt war: das Bewußtsein nämlich, also unser gesamtes inneres Erleben, die ganze reiche Gedanken-, Wahrnehmungs- und Gefühlswelt, die nur uns selbst unmittelbar zugänglich ist. Wenn die Psychologie sich *damit* nicht mehr beschäftigen soll, was bleibt ihr dann noch zu erforschen übrig? Nun, meinte Watson, das Verhalten natürlich. Dieses allein kann nämlich mit wissenschaftlicher Genauigkeit untersucht und beurteilt werden, und wenn die Psychologie als Wissenschaft auftreten wolle, dann müsse sie sich auf das Verhalten konzentrieren und dieses zu ihrem alleinigen Gegenstand machen. Die bis dato vorherrschende Methode der Introspektion (des In-sich-Hineinschauens oder der Selbstbeobachtung) sei nämlich hoffnungslos unwissenschaftlich, nicht zuletzt, weil Behauptungen über innerlich Erlebtes keiner experimentellen Überprüfung fähig sind. Über das, was in uns vorgeht und nur für uns da ist, läßt sich nichts Genaues sagen. Sehr wohl aber über unser *Verhalten* (behavior). Dieses Verhalten vorauszusagen und zu kontrollieren, sei das Ziel der neuen, behavioristischen Psychologie.

Watsons Vortrag gilt als das Gründungsdokument des Behaviorismus. Maßgeblich trug er dazu bei, daß die Psychologie ihr Selbstverständnis änderte und sich während der darauf folgenden zwei Jahrzehnte in eine auf lange Versuchsreihen sich stützende Wissenschaft des Verhaltens verwandelte. Die Praxis der Verhaltensforschung, die schon einige Jahrzehnte vor Watson betrieben wurde (etwa von Charles Darwin, Douglas A. Spalding, John Lubbock oder Mark Baldwin) hatte nun ihre theoretische Rechtfertigung erhalten.

Watson war aber nicht der einzige und nicht der erste, der dafür plädierte, die Aufmerksamkeit auf das Verhalten selbst zu richten und auf Spekulationen über ein diesem Verhalten angeblich zugrunde liegendes Bewußtsein zu verzichten. Bereits drei Jahre vor Watsons Vortrag an der Columbia hatte der Philosoph Edgar Arthur Singer, Jr. (1873–1954) in Princeton die weit radikalere Ansicht vertreten, daß Bewußtsein in Wahrheit gar nichts anderes *sei* als Verhalten. Statt eines nur methodischen Behaviorismus vertrat Singer also einen logischen Behaviorismus: Bewußtsein ist demnach nichts, was aus dem Verhalten abgeleitet werden müsse oder könne, sondern das Verhalten selbst. Das heißt, Verhalten ist das, was wir *meinen*, wenn wir anderen Lebewesen (Menschen oder Tieren) und uns selbst Bewußtseinszustände zusprechen. Zu glauben, daß jemand sich in einem bestimmten Bewußtseinszustand befindet, heißt zu beobachten, daß er sich in einer bestimmten Weise verhält, und aufgrund dieser Beobachtung zu erwarten, daß er sich wahrscheinlich bei Gelegenheit a in der Weise b verhalten wird. Wenn ich etwa glaube, daß meine Frau sich über mich ärgert, dann bedeutet das demnach nicht mehr und nicht weniger als daß ich sehe, wie sie sich benimmt (mich vielleicht beim Essen nicht ansieht und ungewöhnlich schweigsam ist), und ich daraufhin ein bestimmtes Verhalten von ihr erwarte (vielleicht daß sie mich anschreit, wenn ich sie noch einmal anspreche). Stelle ich dann fest, daß die Erwartung nicht erfüllt wird (weil meine Frau, von mir angesprochen, mich keineswegs anschreit, sondern mir womöglich weinend in die Arme fällt), dann werde ich mein Urteil, daß sie ärgerlich sei, revidieren müssen. Ich merke jetzt, daß sie wohl doch nicht ärgerlich ist, sondern wohl eher mit einem Problem beschäftigt, das gar nichts mit mir zu tun hat. Diese neue Annahme ist nun ihrerseits wiederum nur die Erwartung eines bestimmten weiteren Verhaltens auf der Basis des bereits beobachteten und kann darum wie die vorige Annahme experimentell überprüft werden. Wenn meine Frau tatsächlich mit einem Problem beschäftigt ist, daß nichts mit mir zu tun hat, dann darf ich erwarten, daß sie mich nicht im nächsten Moment schon wieder heftig von sich stoßen wird. Tut sie es doch, muß ich mein Urteil erneut revidieren.

Nun ließe sich einwenden, daß das Verhalten eines Menschen in der Praxis zwar oft ausreichen mag, um ihm bestimmte Bewußtseinszustände zuzuschreiben und wir tatsächlich auch gar keine andere Möglichkeit haben zu *erkennen*, was in ihm vorgeht, daß aber dies nicht die *Gleichsetzung* von Bewußtseinszuständen mit Verhaltensweisen begründen könne. Verhalten ist nicht mit Bewußtsein identisch, sondern nur dessen Ausdruck. Singer hebt jedoch hervor, daß die Annahme eines jenseits des Verhaltens und von diesem unterschiedenen Bewußtsein ohne jeden empirischen Gehalt und daher sinnlos ist. Es macht für mich keinerlei Unterschied, ob meine Frau tatsächlich die Gefühle innerlich empfindet, die ich in ihrem Verhalten wahrnehme, oder nicht; ja, es würde nicht einmal etwas ausmachen, wenn sie überhaupt nichts empfände, solange sich dies nicht in ihrem Verhalten niederschlüge. Singer widerspricht hier explizit William James, dessen pragmatistischen Wahrheitsbegriff er übernimmt, aber konsequenter als dieser anzuwenden sucht. James hatte gemeint, daß es sehr wohl einen Unterschied macht, ob wir einen anderen Menschen als beseelt oder als unbeseelt denken. Ein «automatic sweetheart», eine Geliebte, die, obschon völlig seelenlos und ohne jede Empfindung, nicht zu unterscheiden wäre von einer menschlichen Geliebten (die auch tatsächlich empfindet, was sie, nach ihrem Benehmen zu urteilen, zu empfinden scheint), wäre kein adäquater Ersatz für diese. Die Annahme, daß der andere, den man liebt und von dem man zurückgeliebt werden möchte, zwar alles tut, was ein Liebender auch täte, aber dabei selbst gar nichts von dieser Liebe empfände, würde, wie James sagt, nicht funktionieren. Es reicht uns nicht, daß jemand sich so verhält, als liebe er uns: Wir wollen auch wirklich geliebt werden.

Aber was heißt hier ‹wirklich geliebt werden›? Natürlich, kontert Singer, wollen wir lieber eine seelenvolle als eine seelenlose Geliebte. Nur daß die Ausdrücke ‹seelenlos› und ‹seelenvoll› für uns gar keine verborgenen Eigenschaften eines Menschen bezeichnen, sondern eben eine bestimmte Art des Verhaltens. «Wenn ich mir vorstelle», schreibt Singer, «ich würde anfangen zu glauben, daß meine Geliebte, mit all ihren Reizen, in Wirklichkeit ohne Seele sei, dann weiß ich nicht, was ich damit meinen sollte, wenn nicht daß ich fürchte, ihr zukünftiges Verhalten werde meine auf sie bezogenen Erwartungen enttäuschen. Irgendein Zug oder eine Geste, ein bloßes Zusammenpressen der Lippen, Hartwerden der Augen, unterdrücktes Gähnen – irgend etwas von dem, was wir eher zu fühlen als zu sehen scheinen –, hätte in mir den Verdacht erregt, sie werde vielleicht, wenn ich meine Erfahrung von ihr erweitere, nicht mehr so ununterscheidbar von einer seelenvollen Frau sein.» Und könne er, fährt Singer fort, sicher sein, niemals irgendeine Erfahrung dieser Art zu machen, dann würde die Hypothese, die Geliebte sei vielleicht dennoch «ohne Seele», ihn so wenig betreffen wie die Behauptung, eine gegebene, zweidimensionale geschlossene Figur habe zwar, wie gründlich man sie auch immer betrachte, stets drei gerade Seiten, sei aber vielleicht dennoch *an sich* nicht dreieckig.

Wenn aber die Annahme von sich nicht irgendwie im Verhalten manifestierenden Bewußtseinszuständen keinen erkennbaren Unterschied macht und damit sinnlos ist, dann gibt es auch keinen Grund mehr zu glauben, daß wir tatsächlich unsere eigenen Gefühls- und Bewußtseinszustände dank Introspektion besser kennen, als andere dies tun. Und tatsächlich: Manchmal versteht ein anderer Mensch besser, was mit uns los ist, als wir selbst. Deshalb darf man daran zweifeln, ob der bekannte Witz über die beiden Behavioristen, die sich mit den Worten treffen «Dir geht's gut, wie geht's mir?», tatsächlich sein Ziel erreicht, die behavioristische Gleichsetzung von Bewußtsein und Verhalten ad absurdum zu führen. Vielleicht kann ich ja wirklich besser beurteilen, wie es dir geht, als du selbst, und umgekehrt. Manchmal muß uns erst einer sagen, daß wir schlecht aussehen, um uns erkennen zu lassen, daß es uns tatsächlich schlecht geht. Singer meint sogar, daß wir nicht nur die Bewußtseinszustände anderer, sondern auch unsere eigenen Bewußtseinszustände nach dem Verhalten beurteilen. Wenn ich mich beispielsweise gegenüber roten Gegenständen genauso verhalte wie gegenüber grünen Gegenständen, während andere dies nicht tun, dann stelle ich fest, daß ich offenbar nur eine Farbempfindung habe, wo die anderen zwei haben.

Aber selbst wenn dies richtig wäre, gibt es nicht auch andere Bewußtseinszustände, die tatsächlich nur mir selbst ganz allein zugänglich sind? Wie steht es denn mit reinen Denkprozessen? Wenn ich hier sitze, mit dem Schreiben aufhöre und ein paar Minuten still über Singer und seine Argumente nachdenke, könnte dann irgend jemand sagen, woran ich gerade denke? Würde ich nicht genauso dasitzen, wenn ich darüber nachdenken würde, was es wohl zum Abendessen gibt, so daß ich mich also in beiden Fällen gleich verhalten würde, obwohl in mir etwas völlig anderes vorgeht? Singer sieht das Problem, läßt sich aber von dem Einwand nicht irritieren. Nicht alle Unterschiede im Verhalten sind für uns ohne weiteres erkennbar, aber das heiße nicht, daß es keine Unterschiede gebe. Wer weiß schon, was, während wir denken, in unserem Körper geschieht, welche neuronalen Prozesse in uns ablaufen, welche Verbindungen geschlossen werden, welche Atome in Bewegung geraten. Könnten wir diese Veränderungen bei einem anderen Menschen wahrnehmen, dann würden wir ihm vielleicht wirklich beim Denken zuschauen.

Singer konnte noch nicht wissen, daß nicht einmal hundert Jahre später die moderne Neurophysiologie tatsächlich so weit sein würde, die Veränderungen, die sich in unserem Gehirn beim Denken abspielen, zu beobachten. Nach wie vor bleibt aber rätselhaft, wie eine auch noch so genaue Beobachtung materieller Prozesse uns Aufschluß über das Denken eines Menschen geben sollte. Daß Liebe und Freundlichkeit, Haß und Gleichgültigkeit für uns ganz wesentlich oder zumindest in erster Linie Verhaltensdispositionen sind, mag ja stimmen, aber daß ich sehen könnte, was jemand denkt, wenn ich sehe, was sich, während er denkt, in seinem Gehirn abspielt, ist schwer vorstellbar. Wenn allerdings heutige Neurophysiologen beanspruchen, unter Hinweis auf die vollständige kausale Determiniertheit neuronaler Prozesse auch bewiesen zu haben, daß die Willensfreiheit nur eine Illusion sei, so würde Singer dem widersprechen: Denn wie das Bewußtsein, so ist auch Freiheit nichts anderes als eine bestimmte Weise, sich zu verhalten. Als lebendig erfahren wir etwas, das Freiheit zeigt (so daß Freiheit zur Definition des Lebendigen gehört), und als frei zeigt sich etwas dadurch, daß es faktisch auf unterschiedliche Situationen in derselben zielgerichteten Weise reagiert (und nicht etwa, wie meist angenommen wird, dadurch, daß es in derselben Situation unterschiedlich zu handeln vermag).

Doch verhalten sich nicht auch Maschinen in dieser Weise zielgerichtet?

16.

Das Chinesisch-Zimmer

Wenn es richtig wäre, daß alles, was wir mit dem Begriff Bewußtsein meinen können (und damit alles, von dem wir sinnvollerweise sagen können, daß es Bewußtsein *ist*), eine bestimmte Art sich zu verhalten ist, dann müßten wir auch akzeptieren, daß alles, was sich genauso verhält wie ein Mensch (dem wir ja Bewußtsein zubilligen) ebenfalls über Bewußtsein verfügt. Nun kann man sich vorstellen, daß wir eines Tages in der Lage sein werden, Roboter (künstliche Menschen) zu konstruieren, die genauso aussehen wie echte Menschen und die in ihrem Verhalten in keiner Weise zu erkennen geben, daß es sich nicht um echte Menschen handelt (wie die Replikanten in dem Film *Blade Runner*). Was wir auch mit ihnen anstellen, sie werden immer so reagieren, wie ein echter Mensch reagieren würde oder könnte. Wie realistisch eine solche Vorstellung ist, sei dahingestellt, denn darauf kommt es nicht an. Nehmen wir einfach an, es sei möglich, und fragen dann, ob wir solchen Kunstwesen aufgrund ihres Verhaltens notwendig Bewußtsein zusprechen müßten oder nicht. Wenn Bewußtsein tatsächlich nichts anderes ist als Verhalten, dann müßten wir es wohl.

Was wäre aber, wenn diese Roboter, obwohl sie sich äußerlich nicht von Menschen unterscheiden ließen, gar nichts empfänden, nichts dächten und nichts fühlten, wenn sie also gar keine Innenwahrnehmung hätten, so daß es für sie, anders als für uns, *nicht irgendwie wäre*, das zu sein, was sie sind? Mit anderen Worten: Was wäre, wenn sie keine *Subjektivität* besäßen? Kann es Bewußtsein ohne Subjektivität geben? Das entspricht jedenfalls sicher nicht dem, was wir mit Bewußtsein meinen, so daß die logische Spielart des Behaviorismus als gescheitert zu betrachten wäre. Zwar ist es richtig, daß wir im

Fall solcher Roboter, gemäß den von uns gemachten Voraussetzungen, keine Möglichkeiten hätten, das Nichtvorhandensein von Bewußtsein *festzustellen*, und vielleicht auch keinen Grund, das Vorhandensein von Bewußtsein in Zweifel zu ziehen, aber daraus folgt *logisch* eben noch nicht das tatsächliche Vorhandensein von Bewußtsein (im Sinne von Subjektivität).

Allerdings könnte es natürlich *faktisch* so sein, daß jedes Wesen, das sich genauso verhält wie ein Wesen mit Bewußtsein, auch tatsächlich Bewußtsein besitzt. Das hat eine gewisse Plausibilität. Wenn der Roboter sich wirklich stets so verhält, wie ein Mensch es würde, dann muß er doch zumindest in der Lage sein, Informationen entsprechend zu verarbeiten und in Verhalten umzuwandeln. Er muß, ganz so wie wir auch, innere Strukturen besitzen, die es ihm ermöglichen, auf seine Umwelt angemessen zu reagieren. So muß er, um ein sehr einfaches Beispiel zu nennen, in der Lage sein, visuelle Daten aufzunehmen und die Bewegung seiner Gliedmaßen entsprechend zu steuern (so, daß er nicht bei nächster Gelegenheit gegen den Tisch läuft). Bei uns leistet dies das Gehirn. Kognitionswissenschaftler neigen deshalb zu der Annahme, daß unser Gehirn im Prinzip nicht anders funktioniert als ein digitaler Computer. Informationen gelangen über die Nervenkanäle hinein und andere wieder hinaus. Es gibt also, vereinfacht gesagt, einen Input, einen Output und ein Programm, das regelt, welcher Output auf welchen Input folgen soll. Nichts anderes als dieses (beim Menschen freilich äußerst komplexe) Programm ist nun das, was wir Geist oder Bewußtsein nennen. Das Gehirn ist die Hardware, der Geist die Software. Wäre diese unter Kognitionswissenschaftlern verbreitete Annahme richtig, dann würde daraus folgen, daß eine Maschine, die in der Lage ist, dasselbe Programm durchzuführen wie ein Mensch, selbstverständlich auch über Bewußtsein verfügt. Wenn es uns also gelänge, eine Maschine zu konstruieren, die so perfekt programmiert wäre, daß sie sich in ihrem Verhalten nicht von einem Menschen unterschiede, dann hätte diese Maschine alles, was auch wir haben: sie hätte Bewußtsein.

Daß sich die Sache jedoch nicht ganz so einfach verhält, wie es der Vergleich des Bewußtseins mit einem Computerprogramm suggeriert, hat der 1932 geborene amerikanische Philosoph John Searle in einem berühmt gewordenen und viel diskutierten Gedankenexperiment gezeigt. Man stelle sich vor, Wissenschaftler hätten ein Programm ersonnen, mit dessen Hilfe ein Computer in die Lage versetzt wird, auf Chinesisch mit einem Benutzer zu kommunizieren. Man stellt ihm eine Frage auf Chinesisch und er antwortet auf Chinesisch, so wie es auch ein chinesisch sprechender und verstehender Mensch täte, und er tut dies so perfekt, daß wir nicht entscheiden könnten, ob es tatsächlich der Computer selbst ist, der uns diese Antworten gibt, oder, den Computer als Medium benutzend, ein echter Chinese. Behauptet wird nun (von den Erfindern des Programms), daß ein Computer, der dies vermag, auch tatsächlich Chinesisch *versteht*, und zwar im gleichen Sinne des Wortes wie wenn man sagt, daß ein Chinese Chinesisch *versteht*. Diese Behauptung nennt Searle «starke künstliche Intelligenz» oder kurz: starke KI.

Was aber passiert eigentlich in dem chinesisch sprechenden Computer? Der Benutzer stellt eine Frage auf Chinesisch, diese wird in einen binären Code (eine Folge abstrakter, in sich bedeutungsloser Symbole) umgewandelt, der dann (aufgrund festgelegter Regeln) eine Reihe von Veränderungen durchläuft oder herbeiführt, bis schließlich das Ergebnis der Operationskette wieder in einen chinesischen Satz, die «Antwort», zurückverwandelt wird. Daß aber dies nicht ausreicht, um die Behauptung zu rechtfertigen, der Computer habe ein Verständnis des Chinesischen, läßt sich zeigen, indem man sich eine analoge Situation vorstellt.

Nehmen wir an, wir hätten es nicht mit einem Computer zu tun, sondern statt dessen mit einem Zimmer, in das ein Mensch eingesperrt ist. Ab und zu bekommt dieser Mensch chinesische Schriftzeichen in das Zimmer hineingereicht, und seine Aufgabe ist es nun, andere chinesische Schriftzeichen (die ihm in ausreichender Zahl zur Verfügung stehen) wieder hinauszureichen. Das Problem ist jedoch, daß dieser Mensch kein Wort Chinesisch spricht oder liest, so daß er nicht weiß, was die Schriftzeichen bedeuten, ja nicht einmal, daß es sich bei den hineingereichten Zeichen um Fragen handelt. Zum Glück aber hat er in seinem Zimmer ein in seiner eigenen Sprache abgefaßtes Handbuch, das ihm zwar keine Übersetzung liefert, aber doch klare Anweisungen darüber, welche Schriftzeichen er wieder hinausreichen soll, wenn er dieses oder jenes Schriftzeichen hineingereicht bekommen hat. Dieses Handbuch ist so raffiniert abgefaßt und der Mensch im Zimmer befolgt die darin vorgefundenen Anweisungen so gewissenhaft, daß diejenigen, die nicht im Zimmer sind und die Schriftzeichen hineinreichen (von denen sie sehr wohl wissen, was sie bedeuten), den Eindruck haben, der Mensch in dem Zimmer verstehe Chinesisch ebenso wie sie selbst. In Wahrheit aber versteht er rein gar nichts. Das einzige, was er nämlich tut, ist Symbole hin und her zu schieben. Die Symbole aber sind ohne jede inhaltliche Bedeutung für ihn, und er hat in der Situation, in der er sich befindet, auch keine Möglichkeit, jemals hinter diese Bedeutung zu kommen. Die Situation erlaubt es ihm also auch nicht, mit der Zeit Chinesisch zu *lernen.* Zwar beherrscht er die Syntax, aber es fehlt ihm doch das, was Verstehen (und Bewußtsein) eigentlich ausmacht, nämlich eine entsprechende Semantik, also etwas, über das derjenige, der *wirklich* Chinesisch versteht, ganz selbstverständlich verfügt. Die Fähigkeit, Chinesisch zu verstehen, beinhaltet mehr als nur die Fähigkeit, korrekt mit chinesischen Schriftzeichen umzugehen. Es muß die Fähigkeit hinzukommen, diesen Zeichen auch einen *Sinn* zu geben bzw. diesen Sinn zu erkennen. Man muß sie dazu benutzen können, *über* etwas zu sprechen oder nachzudenken. Der Mensch im Chinesisch-Zimmer kann das aber nicht. Wenn nun aber der Mensch im Zimmer kein Verständnis des Chinesischen hat, dann, so schließt Searle, hat ihn auch der digitale Computer nicht, auch wenn er noch so komplex und schnell wäre. Da nämlich ein solcher Computer definitionsgemäß bloß ein Programm realisiert, tut er im Prinzip nichts anderes als der Mensch im Zimmer. Ein bloßer Computer kann darum vielleicht ein Verständnis des Chinesischen *simulieren*, aber er kann es nicht *haben*.

Was läßt sich nun aus diesem Gedankenexperiment lernen? Offenbar nicht, daß es grundsätzlich unmöglich ist, eine Maschine zu bauen, die über Bewußtsein verfügt. Denn wir wissen ja gar nicht, wie Bewußtsein zustande kommt, auch wenn wir allen Grund zu der Annahme haben, daß die Struktur und Funktionsweise unseres Gehirns irgend etwas damit zu tun haben. Aber *wie* unser Gehirn es anstellt, Bewußtsein zu erzeugen, und welche physischen Voraussetzungen für das Zustandekommen von Bewußtsein notwendig oder gar hinreichend sind, ist uns gänzlich unbekannt, und es ist nicht zu erwarten, daß uns die Neurophysiologie irgendwann diese Fragen beantworten wird. Solange wir aber nicht wissen, wie Bewußtsein zustande kommt, können wir auch nicht ausschließen, daß es uns irgendwann (vielleicht durch puren Zufall) gelingen wird, eine Maschine zu konstruieren, die tatsächlich (und nicht nur im übertragenen Sinne) intelligent ist, das heißt eine Maschine, die bewußte, subjektive Erlebniszustände hat.

Was Searle aber mit seinem Gedankenexperiment gezeigt hat, ist, daß eine Maschine, um über Bewußtsein zu verfügen, *mehr* können müßte als nur ein Computerprogramm umsetzen. Das Programm allein reicht hierzu offensichtlich nicht aus. Wenn wir also annehmen, daß unser Gehirn Grundlage des Bewußtseins ist, dann ist unser Gehirn klarerweise kein Computer. Oder zumindest ist es nicht *nur* ein Computer. Es verarbeitet nicht nur Informationen. Es erzeugt *zusätzlich* Bewußtsein. Wenn aber Bewußtsein weder eine bestimmte Art des Verhaltens ist, noch analog dem Programm eines Computers verstanden werden kann, was ist Bewußtsein dann?

17

Blaue Dämonen mit langer Nase

Wir alle verfügen über Bewußtsein. Wir sind nicht nur Körper
in einer Welt von Körpern, sondern wir betrachten diese Welt
auch, nehmen sie wahr, denken über sie nach, erfahren sie auf
die eine oder andere Weise, kurz: wir sind Subjekte. Andererseits wissen wir (oder zweifeln wenigstens gewöhnlich nicht
daran), daß unsere Subjektivität irgendwie zusammenhängt
mit dem menschlichen Gehirn. Wenn wir denken oder eine
Empfindung haben, dann geschieht gleichzeitig etwas in unserem Gehirn, und vieles deutet darauf hin, daß hier eine
kausale Verbindung besteht. Das große Problem aber liegt
darin zu verstehen, wie es überhaupt irgendeinen Zusammenhang zwischen geistigen und körperlichen Prozessen geben
kann. Die Erfolge und die Erklärungsansprüche der modernen
Hirnforschung haben in den letzten Jahren die Diskussion
über dieses Problem wieder angefacht. Obwohl dualistische
Positionen, die zwei grundverschiedene Substanzen, eine körperliche und eine geistige, postulieren, mit guten Gründen
heute kaum noch vertreten werden, tun wir uns doch immer
noch schwer, die selbstsicher vorgetragenen Behauptungen
vieler Hirnforscher zu akzeptieren, daß unsere Gedanken und
Empfindungen letztlich Gehirnprozesse seien. Wir sehen ein,
daß ein Dualismus Descartes'scher Prägung keine Lösung ist
(bzw. keine solche zuläßt), aber wir verstehen auch nicht so
recht, wie etwas so augenscheinlich Verschiedenes wie Geistiges und Körperliches miteinander identisch sein soll.
Die in diesem Zusammenhang häufig anzutreffende Behauptung, geistige Vorgänge seien «nichts als Gehirnvorgänge», verrät überdies, daß auch wenn offiziell eine Identität
zwischen Geistigem und Körperlichem behauptet wird, ei-

gentlich etwas ganz anderes als Identität gemeint ist. Wenn ich sage, daß eine Sache A mit einer Sache B identisch ist, dann macht es keinen Sinn zu sagen, daß A gar nicht existiert, B aber doch. Wenn A und B identisch sind und A nicht existiert, dann existiert auch B nicht. Wer aber Identität zwischen geistigen und Hirnprozessen behauptet, der will uns in der Regel davon überzeugen, daß das, was wir für Geistiges halten oder so nennen, seiner wahren Natur nach ein körperlicher Vorgang ist, und das heißt letztlich davon, daß es so etwas wie geistige Prozesse *gar nicht gibt*, körperliche hingegen sehr wohl. Die Identitätstheorie mündet so in letzter Konsequenz in den sogenannten *eliminativen Materialismus*, das heißt in eine Theorie, die von der Prämisse ausgeht, daß alles, was überhaupt existiert, materiell existiert. Der eliminative Materialismus leugnet also das, was uns gemeinhin unleugbar zu sein scheint, nämlich die *Existenz* von geistigen Vorkommnissen.

Einer der ersten, die diesen Übergang von der Identitätstheorie zum eliminativen Materialismus vollzogen und verteidigt haben, war der 1931 geborene amerikanische Philosoph Richard Rorty. Zwar scheine es auf den ersten Blick absurd zu sagen, es könne sich eines Tages herausstellen, daß es so etwas wie Empfindungen gar nicht gebe, aber bei näherer Hinsicht sei es doch vorstellbar. Vielleicht ist es *faktisch* nicht so, aber das können wir noch nicht wissen. Wir sind, auf der Grundlage der uns jetzt zur Verfügung stehenden Daten, nicht in der Lage, die Möglichkeit der Nichtexistenz von Empfindungen von vornherein auszuschließen. Rorty versucht, dies mit Hilfe einer Analogie deutlich zu machen.

Man stelle sich einen primitiven Volksstamm vor, in dem man davon überzeugt sei, daß Krankheiten durch Dämonen verursacht würden. Zwar sei nicht bekannt, auf welche Weise diese die Krankheiten verursachen, doch könnten sie von den Hexenmeistern des Stammes unter gewissen Umständen (nämlich nach dem Genuß bestimmter heiliger Pilze) gesehen werden. Daher wisse man zum Beispiel, daß sich bei einem epileptischen Anfall ein blauer Dämon mit langer Nase in der Nähe des Kranken aufhalte, und bei Lungenentzündung ein fetter roter Dämon. Außerdem habe man festgestellt, daß der fette rote Dämon gewöhnlich verschwinde, wenn man dem Patienten einen bestimmten Stoff verabreiche, der blaue Dämon mit der langen Nase hingegen, wenn man ihm einen anderen Stoff gebe, und so weiter. Darüber, was die Dämonen tun, wenn sie nicht gerade Krankheiten verursachen, wisse man nichts. Zwar gäbe es verschiedene Theorien, diese würden aber von seriösen Hexenmeistern als bloße Spekulationen abgetan.

Würden nun wir einem solchen Stamm begegnen, meint Rorty, würden wir ihnen sicher sagen, daß es keine Dämonen gebe, daß Krankheiten in Wahrheit von Bakterien, Viren und sonstigen natürlichen Umständen verursacht würden. Wir könnten ihnen allerdings keinen empirischen Beweis dafür liefern, da selbst dann, wenn wir sie von der Existenz von Bakterien und Viren überzeugten, sie immer noch entgegen halten könnten, daß wo die Dämonen sind, es offenbar immer auch Bakterien oder Viren gebe, daraus aber nicht folge, daß Dämonen nicht existieren. Das einzige, was wir dann für unsere Auffassung vorbringen könnten, ist, daß die Annahme von Dämonen überflüssig sei und man die Entstehung von Krankheiten viel *einfacher* durch natürliche Ursachen erklären könne. Gleiches gilt für die unbezweifelte Tatsache, daß die Hexenmeister, wenn sie die heiligen Pilze gegessen haben, die Dämonen sehen können. Solche Pilze erzeugen eben bekanntermaßen Halluzinationen, und obwohl auch das nicht die Nichtexistenz von Dämonen beweist, ist es doch einfacher anzunehmen, daß man es auch in diesem Fall mit Halluzinationen zu tun hat.

Wer nun einen eliminativen Materialismus vertritt, behauptet im Grunde nicht mehr als daß die Empfindungen irgendwann möglicherweise oder sogar sehr wahrscheinlich das gleiche Schicksal erleiden werden wie die Dämonen. So wie wir heute nicht mehr an Dämonen glauben, weil wir eine einfachere und deshalb bessere Erklärung für das Auftreten von

Krankheiten gefunden haben, so werden wir vielleicht eines Tages auch nicht mehr an Empfindungen glauben. Tatsächlich, meint Rorty, sei die Behauptung, daß niemand jemals einen Schmerz gefühlt habe, nicht absurder als die Behauptung, niemand habe jemals einen Dämon gesehen. Wenn uns jemand erzählt, er habe einen Dämon gesehen, dann berichtet er uns in Wahrheit nicht von einem Dämon, sondern von einer Halluzination. Und wovon berichten wir dann, wenn wir sagen, wir hätten Schmerzen? Nun, von einem Gehirnprozeß natürlich. Wir bringen die Tatsache zum Ausdruck, daß unsere «C-Fasern gefeuert haben», und es wäre wahrheitsgemäßer, das auch zu sagen, statt von nicht existierenden Entitäten wie Schmerzen zu reden und dadurch nur Verwirrung zu stiften.

Daß wir das nicht tun und womöglich auch niemals tun werden, liegt Rorty zufolge nicht etwa daran, daß es falsch wäre, so etwas zu sagen, sondern allein daran, daß es nicht sonderlich *praktisch* wäre. Genauso unpraktisch (und genauso wenig falsch) wäre es, wenn man statt von Tischen nur noch von Molekülwolken sprechen wollte. Aber der entscheidende Punkt ist, daß, wenn man nur die Unbequemlichkeit in Kauf nähme, man es doch *könnte*, ohne etwas (an Erklärungspotential oder Beschreibungsmöglichkeiten) dabei zu verlieren.

Aber, möchte man ausrufen, Schmerzen und auch alle anderen Empfindungen sind doch wirklich! Wie kann man daran zweifeln, daß es sie gibt? Sie sind uns doch, so scheint es, unleugbar und ganz unmittelbar *gegeben*, worin sie sich deutlich von den Dämonen unterscheiden, an deren Existenz Rortys fiktiver Stamm glaubt. Wenn ich sage, daß ich einen Dämon gesehen habe (und damit meine, daß der Dämon tatsächlich und nicht nur in meiner Vorstellung existiert hat), dann habe ich bereits das, was ich gesehen habe, in bestimmter Weise interpretiert. Ich habe nicht nur meinem Erleben einen Namen gegeben, sondern habe darüber hinaus ein Urteil darüber gefällt, wie dieses Erlebnis zu deuten ist. Das schließt die Möglichkeit ein, daß ich mich getäuscht habe. Aber auch wenn ich mich getäuscht haben sollte, ändert das nichts daran, daß es mir eben so vorkam, als habe es sich um einen (echten) Dämon gehandelt. Darum kann ich von meinem Erleben her gar nicht unterscheiden, ob ich wirklich einen Dämon gesehen habe oder ob es mir nur so erschien, ich diesen also nur halluziniert habe. Dämonen sind also *nicht* unmittelbar gegeben. Empfindungen hingegen sind es, weil wir ohne sie gar nichts zu interpretieren hätten. Es ist völlig unklar, wie ich fälschlich glauben könnte, Schmerzen zu haben (es sei denn ich wüßte nicht, was das Wort «Schmerz» bedeutet). Wenn es mir so vorkommt, als hätte ich Schmerzen, und mein Arzt sagt mir, das sei gar nicht der Fall, denn in Wahrheit würde ich den Schmerz nur halluzinieren, dann werde ich nicht wissen, was er damit meint, außer vielleicht, daß mein Schmerz keine körperlichen Ursachen hat. Sollte er aber damit tatsächlich meinen, daß ich gar keine Schmerzen empfinde, obwohl es mir doch so vorkommt, dann werde ich schleunigst den Arzt wechseln. Auch der halluzinierte Schmerz ist eben ein echter Schmerz, oder besser gesagt: Schmerzen (und Empfindungen generell) lassen sich nicht halluzinieren. Hingegen ist ein halluzinierter Dämon gerade kein echter Dämon, auch wenn sofort einleuchtet, wie ich ihn dafür halten kann. Wie hingegen eine Stimulation von Nervenzellen fälschlich für eine Schmerzempfindung soll gehalten werden können, ist völlig unklar. Rortys Vergleich scheint daher schlecht zu passen.

Rorty gibt sich durch diesen Einwand allerdings nicht geschlagen. Er bestreitet nämlich kategorisch, daß, wie eben angenommen, uns überhaupt irgend etwas unmittelbar gegeben sei. Mit Wilfrid Sellars greift er den «Mythos des Gegebenen» (myth of the given) an und argumentiert, daß die Art, wie uns etwas gegeben sei, immer von sprachlichen Bedingungen abhänge. Würden wir unsere Sprechweise ändern (indem wir etwa statt von Schmerzen von feuernden Neuronen sprächen), dann würden wir entsprechend auch nicht mehr das gleiche erleben. Es gebe nämlich kein nicht-linguistisches Bewußtsein von etwas.

Jedoch: Obwohl daran natürlich etwas Wahres ist, fällt es

schwer zu glauben, daß die Sprache unser Erleben *so* stark und umfassend bestimmt, daß wir aufhören werden, Schmerzen zu empfinden, sobald wir uns nur daran gewöhnt haben, sie (oder das, was Schmerzen angeblich in Wahrheit sind) nicht mehr als solche anzusprechen. Im übrigen ist es eine Sache, sich darüber zu täuschen, *was* man empfindet, und eine ganz andere Sache, sich darüber zu täuschen, *überhaupt etwas* zu empfinden. Dem eliminativen Materialisten wird es nicht gelingen, das Bewußtsein wegzuerklären. Dieses kann nämlich niemals eine bloße Halluzination sein, weil es ohne Bewußtsein keine Halluzination geben könnte. Es kann uns nicht so vorkommen, als hätten wir Bewußtsein, obwohl es in Wahrheit so etwas wie Bewußtsein nicht gibt. Denn ohne Bewußtsein könnte uns auch nichts irgendwie vorkommen.

18.

Konstruktion Q

Für die meisten Menschen verbindet sich der Name Descartes vor allem mit einem Satz: cogito ergo sum – ich denke, also bin ich. Auf der Suche nach einer Grundlage für die Wissenschaft entdeckte Descartes die eigene Existenz als etwas, an dem sich schlechterdings nicht zweifeln lasse. Wenn ich irgend etwas wissen kann, dann dies: daß ich bin. Diese Auffassung, so selbstverständlich und trivial sie zu sein scheint, ist verschiedentlich kritisiert worden, unter anderem von Lichtenberg, der Descartes zwar das Sein, aber nicht das Ich zugestehen wollte (es denkt, solle man sagen, so wie man sagt, es blitzt), von Nietzsche, der ähnliche Einwände vorbrachte, und von Santayana, der «Sein» vom bloßen Gegebensein (etwa eines Gedankens) unterschied und bestritt, daß jenes aus diesem ableitbar sei.

Dem Anspruch nach weiter als all diese Einwände geht jedoch der des Kieler Phänomenologen Hermann Schmitz (geb. 1928). Zwar zweifelt Schmitz nicht daran, daß wir uns unserer eigenen Existenz absolut gewiß sein können (also so, daß jeder, auch der letzte metaphysische Zweifel, ausgeschlossen ist), sehr wohl aber daran, daß wir eine solche Gewißheit durch das *Denken* erlangen können. Weder kann ich aus dem Umstand, daß ich denke, mit letzter Sicherheit schließen, daß *ich* bin, noch – und hier geht Schmitz eben über Lichtenberg und Nietzsche hinaus – daß überhaupt *irgendetwas* ist. Es gibt immer eine Kluft zwischen (subjektiver) Gewißheit und (objektiver) Wahrheit. Auch wenn es mir nicht möglich ist, an meinem eigenen Sein zu zweifeln, so oft ich mir Descartes' Argument vor Augen führe, so ist es doch weiterhin möglich – wenngleich nicht sonderlich wahrscheinlich –, daß ich mich täusche und in Wahrheit nicht bin. Wie könnte ich mich aber wohl darin täuschen zu *sein*?

Daß dies immerhin denkbar ist, versucht Schmitz durch folgende Gedankenkonstruktion zu zeigen: Nehmen wir an, wir befänden uns in einem Quasitraum. Ein Quasitraum ist durch drei Eigenschaften definiert: Erstens ist sich der Quasiträumende der Wirklichkeit dessen, was er quasiträumt, unbezweifelbar gewiß. Zweitens gibt es einen höheren Standpunkt, von dem aus gesehen sich die Wirklichkeitsgewißheit des Quasitraums als Illusion erweist und in den hinein der Quasiträumende erwachen *kann* (auch wenn er dies *faktisch* nicht tut). Drittens kann der höhere Standpunkt sich selbst als Quasitraum erweisen, wenn auch aus ihm wiederum ein Erwachen zu einem noch höheren Standpunkt möglich ist, von dem aus sich das Erwachen aus dem ersten Quasitraum als bloßes Quasierwachen und die damit verbundenen Gewißheiten als Illusion erweisen. Das gleiche könnte dann wieder auf der dritten Stufe passieren, so daß jeweils die nächst höhere Stufe die Gewißheiten aller vorausgehenden Stufen diskreditiert. Viele echte Träume, also solche, die uns im Schlaf überkommen, haben diese drei Eigenschaften und können insofern als Quasiträume gelten. Damit soll nicht gesagt werden, daß es sich nicht um richtige Träume handelt, sondern lediglich, daß sie die oben genannten Eigenschaften haben. Ob es Quasiträume gibt, die keine Träume sind, kann dabei offenbleiben. Worauf es ankommt, ist die oben beschriebene Struktur, die wir aus echten Träumen kennen. Denn wir alle haben die Erfahrung gemacht, etwas zu träumen und dabei nicht an der Wirklichkeit des Geträumten zu zweifeln, dann plötzlich aufzuwachen und zu merken, daß alles, aller intuitiven Gewißheit zum Trotz, doch «nur» ein Traum war. Und mitunter passiert es uns auch, daß wir nur *träumen* aufzuwachen, wie wir dann später feststellen, wenn wir *tatsächlich* aufwachen.

Man denke sich nun einen Quasitraum, dessen Inhalt wenigstens zum Teil das Denken selbst ist. Wir könnten uns zum Beispiel als Descartes quasiträumen, der gerade dabei ist, in seinem Denken einen Beweis für seine eigene Existenz zu finden. Wenn wir nun aus diesem Quasitraum erwachen, stellen wir fest, daß wir nicht wirklich Descartes sind, sondern dies nur quasigeträumt haben. Das heißt, unsere Überzeugung, Descartes zu sein, war falsch. *Nicht* falsch aber war offensichtlich unsere Überzeugung zu denken, denn Quasiträumen *ist* ja eine Form des Denkens (so wie Descartes Denken verstand, nämlich als Bewußtsein). Da Denken Existenz impliziert – wo etwas denkt, muß etwas sein – können wir also jetzt, nachdem wir erwacht sind, klar und deutlich erkennen, daß wir waren, während wir quasiträumten, und ebenso, daß wir auch jetzt sind. Descartes' Argument scheint also auch hier ohne weiteres anwendbar zu sein. Und das ist es auch, wie Schmitz sofort zugesteht: «Der Quasiträumer quasiträumt, also ist er, weil sich das beim Erwachen herausstellt oder herausstellen würde.» Leider gibt es dennoch ein Problem. Dieses besteht nach Schmitz nicht, wie man annehmen könnte, darin, daß wir niemals sicher sein können, ob wir tatsächlich aus unserem Quasitraum erwacht sind oder nur in einen neuen Quasitraum höherer Stufe quasierwacht. Es genügt völlig, daß es auf irgendeiner Stufe ein echtes Erwachen gibt, um die aus dem Denken (das heißt hier: Quasiträumen) gewonnene Seinsgewißheit auch bereits für die niedrigeren Stufen zu gewährleisten. Der springende Punkt aber ist, daß diese Gewährleistung die tatsächliche Existenz einer höchsten Stufe erfordert, von der aus sich alle vorhergehenden Stufen als Quasiträume erkennen lassen. Gibt es nämlich keine solche höchste Stufe, dann gibt es auch kein echtes Erwachen, ja nicht einmal die *Möglichkeit* eines echten Erwachens. Wir stellen uns also vor, daß die Folge der ineinander geschachtelten Quasiträume nicht endlich, sondern unendlich wäre. *Wenn* das der Fall sein sollte, was wir nicht gänzlich ausschließen können, dann würde auf jeder neuen Stufe die Wirklichkeitsgewißheit der vorangehenden Stufen als illusionär enthüllt, ohne daß *jemals* eine Stufe erreichbar wäre, welche die Gewißheit festhält und vor jeglicher weiterer Relativierung schützt. Wir können uns vorstellen, daß es außer dieser endlosen Reihe von Quasiträumen, die Schmitz griffig «Konstruktion Q» nennt, nichts Wirkliches gibt, so daß es tatsächlich *überhaupt nichts* Wirkliches gibt. Die Wirklichkeit, das Sein selbst, ist dann eine Illusion. Auch wenn dies ausgesprochen unwahrscheinlich sein mag, so ist es doch, wie Schmitz betont, widerspruchsfrei denkbar, weshalb wir sie nicht durch bloße Reflexion auf die Tätigkeit des Denkens widerlegen können.

Schmitz' Kritik richtet sich letztlich gegen den cartesischen Intellektualismus, der wähnt, das Sein und die Welt aus dem Denken rekonstruieren zu können. Seinsgewißheit haben wir zwar, und sie ist auch berechtigt, aber sie hat andere Quellen als das Denken, nämlich die Erfahrung der leiblichen Enge, die uns in das zurückwirft, was Schmitz «primitive Gegenwart» nennt. Ist aber die Konstruktion Q tatsächlich, wie Schmitz annimmt, widerspruchsfrei denkbar und zeigt sie auch tatsächlich, was Schmitz mit ihr zu zeigen beansprucht, nämlich daß wir uns niemals durch die bloße Rückbesinnung auf die eigene Denktätigkeit der eigenen Existenz vergewissern können? Was die Denkbarkeit angeht, so ist die Vorstellung einer unendlichen Reihe von Träumen, die von keiner Wirklichkeit getragen wird, sicherlich eine Zumutung für das Denken. Die Konstruktion Q erinnert an die bekannte Anekdote jener alten Dame, die beim Vortrag eines renommierten Wissenschaftlers über Astronomie sich zu Wort meldete und verkündete, daß all das, was der Vortragende erzählt habe, blanker Unsinn sei, weil die Erde in Wahrheit flach sei und auf einer gigantischen Schildkröte ruhe. Auf die herablassende Frage des Redners, worauf denn die Schildkröte ruhe, antwortete die alte Dame gelassen: «Sie sind sehr schlau, junger Mann, sehr schlau, aber es sind Schildkröten bis ganz nach unten.» Das läßt sich immerhin noch nachvollziehen, wenn es ein *Unten* gibt. Gibt es aber keines, hängt die ganze Konstruktion in der Luft, und wir haben große Schwierigkeiten uns vorzustellen, wie das möglich sein sollte. Gleiches gilt aber für die Vorstellung einer unendlichen Reihe von ineinander geschachtelten Träumen oder

Quasiträumen. Irgendwann, so meinen wir, muß es doch ein Ende der Träumerei geben und damit auch etwas, das (oder jemand, der) träumt. Ohne ein solches Ende bliebe der Traum ja ohne Träumer, und es ist nicht ohne weiteres klar, daß sich ein Traum, den niemand träumt, widerspruchsfrei denken läßt. Natürlich besteht der ganze Witz der Konstruktion Q darin, den Träumer als entbehrlich zu erweisen. Wir sind also aufgefordert, die Möglichkeit in Betracht zu ziehen, daß wir nicht etwa nur in einem Traum befangen sind, sondern daß wir selbst *Gegenstand* eines Traumes sind, das heißt: nicht eigentlich im Zustand des Traums oder Quasitraums, sondern vielmehr im Zustand des Geträumt- oder Quasigeträumt*werdens*. Genau dies ist auch die Pointe einer Erzählung von Borges (*Die kreisförmigen Ruinen*), die überraschend mit dem Satz endet: «Erleichtert, erniedrigt, entsetzt erkannte er, daß auch er nur ein Scheinbild war, daß ein anderer ihn träumte.» Der Träumende erkennt hier seine Existenz als Illusion, doch gibt es wenigstens, anders als bei Schmitz, noch einen Träumer. Doch schon der Gedanke, nur von einem anderen geträumt zu sein, ohne selbst zu existieren, überfordert unsere Vorstellungskraft. Wie könnten wir nur geträumt sein? Der Inhalt eines Traums denkt nicht. Täte er es, wäre er nicht der Inhalt eines Traums, jedenfalls nicht *bloß* der Inhalt eines Traums. Andere können von mir träumen, aber sie können mich nicht erträumen. Der Traum eines anderen zu sein, und tatsächlich *nichts als* der Traum eines anderen, läßt sich eben gerade nicht widerspruchsfrei denken. Und zwar besteht der Widerspruch gerade darin, daß das Geträumtwerden das Bewußtsein des Geträumtwerdens (wie auch jedes andere Bewußtsein) ausschließt. Diese Widersprüchlichkeit wird aber nicht dadurch behoben, daß durch eine unendliche Schachtelung der Träume auch noch der Träumer verschwindet. Descartes' Vergewisserung der eigenen Existenz durch das Denken wird darum, so scheint es, auch durch die Konstruktion Q nicht in Frage gestellt. Zwar ist es richtig, daß «mit der für jemand unbezweifelbaren Gewißheit, daß etwas wirklich ist, dessen Unwirklichkeit logisch verträglich ist», aber um diese *logische* Verträglichkeit zu erkennen, bedarf es keiner Konstruktion Q. Schließlich wußte schon Descartes, daß auch das klarste und deutlichste Erkennen keine *vollständige* Garantie für die Wahrheit des so Erkannten liefern kann. Deshalb mußte er sich erst der Existenz Gottes versichern, bevor er die klare und deutliche Erkenntnis als hinreichendes Wahrheitskriterium gelten lassen konnte.

19

Die Unwirklichkeit der Zeit

Alles, so scheint es, ist, wie im Raum, so auch in der Zeit. Wenn es aber die Zeit gar nicht gäbe, wenn sie nicht wirklich wäre, dann wäre nichts in der Zeit. Daß es aber die Zeit tatsächlich nicht gibt – daß sie keine Wirklichkeit besitzt, außer als Vorstellungsinhalt –, ist eine Auffassung, die nicht nur religiöse Mystiker, sondern auch Philosophen durch die Jahrhunderte hinweg immer wieder vertreten haben. Kurioserweise hat sich besonders die analytische Philosophie des 20. Jahrhunderts, deren ursprüngliches Bestreben es doch nicht zuletzt gewesen war, alle großen metaphysischen Fragen beiseite zu lassen, so ausführlich mit der Annahme von der Unwirklichkeit der Zeit beschäftigt, daß sich sogar eine «Philosophie der Zeit» als eigener Forschungszweig etablieren konnte.

Ausgelöst wurde die rege und weit verzweigte Diskussion durch ein raffiniertes Argument des von Hegel beeinflußten Cambridger Philosophen John Mc Taggart (1866–1925). Mc Taggarts Ziel war es zu beweisen, daß es so etwas wie Zeit, allem äußeren Anschein zum Trotz, nicht geben könne. Dabei stützte er sich auf folgende Überlegungen: Wir kennen zwei verschiedene Weisen, Ereignisse zeitlich zu ordnen. Die eine Ordnung, die Mc Taggart «B-Reihe» nennt, ist die des *Früher* und *Später*. Jeder Zeitpunkt läßt sich im Verhältnis zu jedem beliebigen anderen Zeitpunkt entweder als später oder als früher bestimmen. Diese Verhältnisse selbst verändern sich nicht, das heißt, ein Ereignis X, das einmal früher als ein Ereignis Y ist, wird immer früher gewesen sein. So wird beispielsweise der amerikanische Präsident George W. Bush immer später als Ronald Reagan Präsident gewesen sein, so daß es niemals eine Zeit gab, noch es jemals eine geben wird, in der Bush früher als Reagan Präsident gewesen wäre. Und auch der zeitliche Abstand, der zwischen der Regierungszeit Reagans und der Bushs liegt, wird immer gleich bleiben.

Neben der Einteilung in frühere und spätere Ereignisse gibt es allerdings noch eine andere, sich vom Phänomen her aufdrängende Weise, Ereignisse zeitlich zu ordnen. Diese zweite Ordnung nennt McTaggart «A-Reihe.» Damit ist jene Reihe von Zeitpunkten gemeint, die sich von der fernen Vergangenheit über die Gegenwart bis in die ferne Zukunft hinein erstreckt. Jedes beliebige Ereignis ist gemäß dieser Ordnung entweder *vergangen*, *gegenwärtig* oder *zukünftig*. Im Unterschied zu den Positionen der B-Reihe, die ein für alle Mal feststehen, *verändern* sich die der A-Reihe ständig. Ein Ereignis, das heute gegenwärtig ist, lag gestern noch in der Zukunft und wird morgen vergangen sein, und je mehr Zeit vergehen wird, desto weiter wird das Ereignis in die Vergangenheit entrücken, so daß sich die Position der Ereignisse in der A-Reihe mit jedem neuen Augenblick verschiebt.

Nach diesen Vorüberlegungen vollzieht sich nun das eigentliche Argument gegen die Wirklichkeit der Zeit in zwei Schritten. Im *ersten* Schritt wird dargelegt, daß die Unterscheidung von Vergangenheit, Gegenwart und Zukunft (A-Reihe) für unser Zeitverständnis wesentlich ist, mithin die B-Reihe, also die Einteilung in Früher und Später, aus sich heraus keine zeitlichen Verhältnisse zu begründen vermag. Sodann wird im *zweiten* Schritt nachgewiesen, daß die Einordnung von Ereignissen in die A-Reihe zu unauflösbaren Widersprüchen führt; da es aber nichts geben kann, was in sich widersprüchlich ist, kann es auch die Zeit nicht geben.

Der Grund für McTaggarts Überzeugung, daß die A-Reihe für die Zeit unverzichtbar sei, liegt darin, daß Zeit *Veränderung* beinhaltet: Eine Welt, in der sich nichts jemals ändern würde, wäre eine Welt ohne Zeit. Die B-Reihe aber gestattet keine Veränderung, kein Werden und Vergehen von Ereignissen, weil jedes Ereignis in der Reihe seinen festen Platz hat, den es niemals verläßt. Jedes Ereignis hat genau die Eigenschaften, die es hat, und es wird niemals andere haben. Alles, was zu einem beliebigen Zeitpunkt hinsichtlich eines bestimmten Gegenstandes wahr ist, ist auch zu jedem anderen Zeitpunkt wahr. Alles bleibt also, wie es ist; die Tatsachen, recht besehen, verändern sich nicht. Wenn Bush im Jahr 2003 amerikanischer Präsident ist, dann wird er immer im Jahr 2003 amerikanischer Präsident gewesen sein. Und wenn er es im Jahr 2006 nicht mehr ist, dann wird er es niemals im Jahr 2006 gewesen sein. Tatsächlich ist es schon irreführend zu sagen, daß er Präsident «gewesen sein wird», da wir damit bereits in Begriffen der A-Reihe reden. Richtiger, der Beschränkung auf die B-Reihe angemessener, wäre es zu sagen, daß Bush im Jahr 2003 amerikanischer Präsident *ist* und er im Jahr 2013 *nicht* amerikanischer Präsident *ist*. Die Sprache suggeriert uns dann nicht mehr eine Änderung, die niemals stattfindet (da es kein «jemals» gibt). Das einzige, was sich überhaupt an einem Ereignis zu ändern vermag, ist der Ort, den es in der *A-Reihe* einnimmt: Aus einem zukünftigen Ereignis wird ein gegenwärtiges und aus diesem ein vergangenes. Da es aber keine Zeit geben kann ohne Veränderung, stellt die B-Reihe ohne die A-Reihe in Wahrheit gar keine zeitliche Ordnung dar, genausowenig wie etwa die Reihe der natürlichen Zahlen (1, 2, 3 usw.) eine zeitliche Ordnung darstellt. Man kann sich sämtliche Elemente der Reihe wie auf einer Linie ausgebreitet nebeneinander vorstellen. Mit anderen Worten: Damit es Früher und Später als genuin *zeitliche* Relationen geben kann, muß es auch Vergangenheit, Gegenwart und Zukunft geben, was nicht heißt, daß dies schon ausreicht, um die B-Reihe zu konstituieren. Tatsächlich ist die B-Reihe das, was entsteht, wenn die A-Reihe kombiniert wird mit einer festen Ordnungsstruktur, die McTaggart, um ihrer Unzeitlichkeit Rechnung zu tragen, «C-Reihe» nennt. Die C-Reihe steuert zur Zeit die Unveränderlichkeit der Verhältnisse bei und die A-Reihe die Veränderung und die Richtung, das heißt, die Unumkehrbarkeit der Reihenfolge.

Nun beinhaltet aber die Existenz einer A-Reihe, wie McTaggart nun im zweiten Schritt ausführt, einen Widerspruch. *Einerseits* kann nämlich kein Ereignis gegenwärtig, vergangen und zukünftig sein: die drei Bestimmungen schließen also einander aus. Denn zum Gegenwärtigsein gehört es, nicht vergangen oder zukünftig zu sein, zum Vergangensein, nicht gegenwärtig oder zukünftig zu sein, und zum Zukünftigsein, nicht gegenwärtig oder vergangen zu sein. *Andererseits* aber gilt für jedes Ereignis, daß ihm alle drei Bestimmungen notwendig zukommen. Denn wenn es vergangen ist, war es einmal gegenwärtig und zukünftig; ist es zukünftig, wird es einmal gegenwärtig und vergangen sein; und ist es gegenwärtig, dann war es einmal zukünftig und wird schon im nächsten Augenblick vergangen sein. Es gibt also kein Ereignis, das *nicht* zukünftig, gegenwärtig und vergangen wäre.

Freilich scheint es geradezu lächerlich einfach, diesen vermeintlichen Widerspruch aufzulösen. Denn schließlich wird ja nicht behauptet, daß jedes Ereignis *zugleich* zukünftig, vergangen und gegenwärtig sei. Vielmehr gilt, daß ein Ereignis zu jedem bestimmten Zeitpunkt *entweder* gegenwärtig, vergangen *oder* zukünftig ist. Und wenn es jetzt zukünftig ist, dann *wird* es irgendwann gegenwärtig und danach vergangen sein, aber das heißt eben nicht, daß es dies *jetzt* schon wäre. Die Bestimmungen der A-Reihe kommen Ereignissen also *nacheinander* und nicht gleichzeitig zu. Ein Widerspruch besteht mithin entgegen McTaggarts Behauptung nicht.

Doch so leicht läßt uns McTaggart nicht davonkommen. Denn unsere auf den ersten Blick so einleuchtende Erklärung und Auflösung des vermeintlichen Widerspruchs beruht, wie McTaggart ausführt, auf einem Zirkelschluß. Tatsächlich haben wir hier nämlich, um zu erklären, wie ein Ereignis zukünftig, gegenwärtig und vergangen sein kann, die Existenz der Zeit bereits vorausgesetzt, und da Zeit ohne die A-Reihe, also die Unterscheidung von Zukunft, Gegenwart und Vergangenheit, nicht denkbar ist, wird also genau das bereits als verständlich vorausgesetzt, was es doch zu erklären galt, nämlich wie nicht miteinander zu vereinbarende Bestimmungen ein und derselben Sache zukommen können. Daß ein gegenwärtiges Ereignis zukünftig *war* und vergangen sein *wird*, heißt ja nichts anderes als daß es zum *jetzigen* Zeitpunkt, also *in der Gegenwart*, gegenwärtig ist, zu jedem Zeitpunkt *in der Vergangenheit* zukünftig und zu jedem Zeitpunkt *in der Zukunft* vergangen. Das verrät uns aber nichts darüber, wie so etwas *möglich* ist. Man könnte auch sagen, daß der Widerspruch nicht aufgelöst, sondern nur auf eine andere Ebene verschoben wurde. Denn für jeden Zeitpunkt in der Vergangenheit, Gegenwart oder Zukunft gilt ja dasselbe wie für jedes Ereignis, insofern ihm alle drei Bestimmungen der A-Reihe zukommen. Erneut müssen wir also fragen, wie denn der zukünftige Zeitpunkt, von dem wir sagen, daß dann das gegenwärtige Ereignis vergangen sei, oder der vergangene Zeitpunkt, von dem wir sagen, daß dann das gegenwärtige Ereignis zukünftig gewesen sei, zukünftig, gegenwärtig und vergangen sein könne. Beantworten können wir diese Frage aber wiederum nur unter Rückgriff auf die zeitlichen Bestimmungen der A-Reihe, was wieder dasselbe Problem aufwirft, und so weiter in einem unendlichen Regreß.

Wenn der Widerspruch aber nicht aufzulösen ist, schließt McTaggart, dann kann die Zeit auch nicht wirklich existieren, denn das Existierende muß, wenn schon nicht erklärbar oder definierbar, so doch zumindest widerspruchsfrei sein. Die Zeit ist daher eine bloße Illusion, die psychologisch in dem qualitativen Unterschied gründet, der zwischen der unmittelbaren Wahrnehmung von Ereignissen, der Erinnerung daran und der Erwartung von Ereignissen besteht. Vergangen nennen wir Ereignisse, die uns im Modus der Erinnerung gegeben sind, zukünftig solche, die uns im Modus der Erwartung gegeben sind, und gegenwärtig schließlich solche, die unmittelbar wahrgenommen werden.

Aber kann das wirklich alles sein? Sind unsere Bewußtseinsereignisse denn nicht auch in der Zeit? Wenn aber nicht, wo liegt der Fehler in McTaggarts Argumentation (sofern es einen gibt)? Ist vielleicht der Widerspruch, den Mc Taggart in der A-Reihe zu finden glaubt, gar nicht vorhanden, oder kann etwas auch dann existieren, wenn es in sich widersprüchlich ist? Oder sollte es schließlich etwa so sein, daß die B-Reihe, wie schon Bertrand Russell und später Nelson Goodman meinten, doch unabhängig von der A-Reihe ist und ausreichend für das Zustandekommen von Zeit? Kann man sich aber tatsächlich eine objektive Zeit vorstellen, in der es keine Gegenwart, keine Zukunft und keine Vergangenheit gibt?

20.

Ewige Gegenwart

Als ich ein kleiner Junge war, pflegte meine Mutter, um meinen Gehorsam möglichst auch in ihrer Abwesenheit sicherzustellen, mir zu sagen, daß Gott alles sehe und wisse. Ich glaubte dies und war nicht sehr glücklich darüber. Nun haben schon in der Antike die Philosophen gern dieselbe Ansicht wie meine Mutter vertreten: Da zum Begriff Gottes die Vollkommenheit gehört, mangelndes Wissen aber eine Unvollkommenheit darstellen würde, muß Gott notwendig allwissend sein. Zu einer wirklichen Allwissenheit gehört aber – was meine Mutter übersah, Philosophen aber gewöhnlich bemerken – nicht nur das Wissen um alles, was bereits geschehen ist und gegenwärtig geschieht, sondern darüber hinaus auch das Wissen um das, was in der Zukunft noch alles geschehen *wird*. Denn wäre Gott die Zukunft unbekannt, wäre er nicht allwissend. Wenn es also einen Gott gibt und er allwissend ist (wie es bei Gott nicht anders sein kann), dann kennt er nicht nur unsere Handlungen, Gedanken und Gefühle, soweit sich diese bereits ereignet haben, sondern weiß auch immer schon, was wir in Zukunft noch tun, denken und fühlen werden – noch bevor wir es getan haben. Alles, was uns je geschehen wird, ist Gott bereits bekannt; für ihn ist es so, als sei es schon geschehen.

Wenn das aber so ist, kann es dann noch Freiheit in der Welt geben? Wenn Gott schon immer (von Anbeginn der Zeit) *wußte*, daß ich zum Beispiel heute hier sitzen würde, dann war es doch gar nicht anders möglich, als daß ich es tatsächlich tun würde. Ich hatte also, so scheint es, gar keine andere Wahl: Ich mußte so handeln. Und auch das, was ich morgen und an jedem anderen Tag tun werde, steht dann bereits fest. Meine intuitive Überzeugung, daß ich frei bin, auch etwas ganz anderes zu tun (etwa jetzt mit dem Schreiben aufzuhören und statt dessen einen Spaziergang zu machen), ist also eine Illusion, denn wenn ich es tatsächlich täte (und spazieren ginge), dann wäre auch dies Gott bereits von jeher bekannt und daher unvermeidlich. Das Vorauswissen Gottes scheint also eine offene Zukunft und freie Entscheidungen auszuschließen. Alles, was je geschieht, geschieht entsprechend mit absoluter Notwendigkeit.

Daran würde sich selbst dann nichts ändern, wenn Gott das, was in der Welt geschieht, gar nicht so beabsichtigt hätte. Auch wenn Gott die Welt nicht von Anfang an planmäßig so eingerichtet hat, daß ich heute das tue, was ich tue, ist die bloße Tatsache, daß er wußte, was ich heute tun würde, ausreichend, um meine Freiheit auszulöschen. Gleiches gälte, wenn ich heute, ohne Ihr Tun im mindesten zu beeinflussen, *wüßte*, was Sie morgen tun werden (statt nur aufgrund meiner Kenntnis Ihrer Person und der Situation eine ziemlich genaue und, wie sich später herausstellen mag, zutreffende Vorstellung davon zu haben). Auch dann wäre es logisch unmöglich, daß Sie morgen etwas anderes tun werden. Denn nicht nur, wenn Sie es täten, sondern sogar bereits, wenn es Ihnen auch nur *möglich* wäre, dann könnte ich *jetzt* nicht über das Wissen verfügen, daß Sie es nicht tun. Auch ohne kausalen Zusammenhang zwischen Vorauswissen und Vorausgewußtem impliziert also Vorauswissen das tatsächliche Eintreten des Vorausgewußten. Gottes Allwissenheit und menschliche Willensfreiheit scheinen einander also tatsächlich auszuschließen.

Doch Philosophen sind findig und werfen die Flinte nicht so schnell ins Korn. Daß man dem Dilemma entkommen und *sowohl* an der göttlichen Allwissenheit *als auch* an der menschlichen Entscheidungsfreiheit und Verantwortung festhalten könne, hat, während er auf seine von dem damals Italien beherrschenden Ostgotenkönig Theoderich angeordnete Hinrichtung wartete, der römische Konsul und Gelehrte Anicius Manlius Severinus Boethius (ca. 480–524/525) darzulegen versucht. Im Schlußabschnitt seiner unter dem Namen *Trost der Philosophie* (Consolatio Philosophiae) bekannt gewordenen und bis heute viel gelesenen Schrift über den therapeutischen Wert philosophischer Reflexion löst Boethius das Problem dadurch, daß er Gott einfach aus der Zeit herausnimmt. Gott ist nämlich *ewig* (aeternus), und das heißt, er ist nicht in der Zeit. Ewigkeit ist nicht dasselbe wie endlose Dauer. Selbst wenn wir immer schon gelebt hätten und niemals sterben würden, wenn eine endlose Zeit hinter und vor uns läge, wären wir doch nicht ewig, denn wir hätten auch dann immer nur den gegenwärtigen Augenblick, während wir die Vergangenheit nicht mehr und die Zukunft noch nicht hätten. Gott hingegen umfaßt alle Zeit in einem einzigen ungeteilten Augenblick. Für ihn gibt es keine Vergangenheit und Zukunft, kein Vergehen und kein Werden, sondern nur Gegenwart. Er umgreift und besitzt *gleichzeitig* (pariter) «die ganze Fülle des unbegrenzbaren Lebens». (Mit Mc Taggart könnte man daher sagen, daß wir Menschen stets, und zwar ganz gleich wie *lange* unser Leben dauert, in der A-Reihe leben, während Gott einzig und allein in der B-Reihe lebt. Das heißt, für Gott ist das, was uns als A-Reihe erscheint – als Bewegung der Ereignisse aus der Zukunft über die Gegenwart in die Vergangenheit –, eine B-Reihe: eine feste Ordnungsstruktur, die sich zwar als «Nacheinander» beschreiben läßt, aber in sich keine zeitliche Struktur im engeren Sinne hat.) Das heißt aber, daß es nicht richtig ist zu sagen – wie wir es eben getan haben –, Gott wisse schon, was geschehen wird, *bevor* es geschieht. Gott hat kein *Vorwissen*, keine *Voraussicht* (praevidentia) auf die Dinge, die noch geschehen werden, aber noch nicht geschehen sind. Sein Wissen bezieht sich auf eine niemals entschwindende Gegenwart. Er sieht alles unmittelbar vor sich (providentia), erfaßt gleichsam mit einem Blick und vollkommen zeitlos, «was in der Zeit einst als zukünftig zum Vorschein kommen wird».

So aber wie unsere Wahrnehmung eines Geschehens diesem keine Notwendigkeit aufzwingt, so tut dies auch die göttliche Wahrnehmung nicht. Ich *muß* nicht so handeln, wie ich es tue, nur weil jemand mir dabei *zuschaut*, wie ich es tue. Warum sollte das bei Gott anders sein? Denn nichts anderes tut Gott als vor sich sehen, was geschieht, und manches von dem, was geschieht, ist notwendig (wie daß alle Menschen sterben müssen), und manches ist es nicht (wie daß ich heute hier sitze und schreibe), außer in dem unproblematischen Sinne, daß wenn etwas gewußt wird, es auch notwendig so sein muß, da es sonst kein Wissen von ihm gäbe. Meine Willensfreiheit wird aber hierdurch so wenig berührt wie dadurch, daß jemand mir bei der Arbeit zusieht. Auch wenn aus der Tatsache, daß jemand weiß, was ich tue, mit *logischer* Notwendigkeit folgt, daß ich es tue, liegt doch keine *physische* Notwendigkeit vor: Ich bin immer noch frei in meinem Handeln, weil das Wissen meinem Handeln keinen Zwang auferlegt. Ich handle nicht so, wie ich es tue, weil jemand davon weiß, sondern umgekehrt gibt es das Wissen nur, weil und insofern ich so handle. Das Wissen folgt also (logisch) dem Handeln, nicht umgekehrt.

Ist aber Boethius' Vorschlag, das göttliche Sein als *ewige, zeitlose Gegenwart* zu begreifen, nachvollziehbar? Kann man sich so etwas wie eine Gegenwart, die eine unermeßliche Folge von Ereignissen umfaßt und niemals beginnt und niemals endet, überhaupt vorstellen? Wenn wir Gegenwart nicht anders kennen würden als in Gestalt eines ausdehnungslosen Schnittpunktes zwischen Zukunft und Vergangenheit, dann müßte uns die Konzeption gänzlich unverständlich bleiben. Tatsächlich aber erleben wir Gegenwart ja nicht als Schnittpunkt, sondern als Zeitintervall. Wenn ich zum Beispiel jetzt meine Hand bewege, dann kann ich im gleichen Augenblick, also ebenfalls *jetzt*, diese *Bewegung* sehen. Da Bewegungen aber Zeit in Anspruch nehmen (das heißt ein Nacheinander implizieren), sollte ich die Bewegung meiner Hand eigentlich gar nicht sehen können. Was tatsächlich geschehen müßte, ist, daß ich *zuerst* sehe, wie meine Hand sich am Ort A befindet, und im *nächsten* Moment, wie sie sich am Ort B befindet, wobei ich mich daran *erinnere*, daß sie sich eben noch am Ort A befunden hat. Was wir aber tatsächlich erleben, ist nicht dies, sondern eine *gegen-*

wärtige Bewegung. Wir nehmen also in einem einzigen ungeteilten Augenblick ein zeitlich ausgedehntes Ereignis wahr. Entsprechend hat auch unsere Gegenwart eine ganz bestimmte zeitliche Dauer, ohne daß diese sich in Vergangenes und Zukünftiges aufspalten ließe. Die Dauer der Gegenwart kann von Mensch zu Mensch und von Situation zu Situation anders sein. Bei manchen Tieren ist die zeitliche Spanne, innerhalb derer Ereignisse noch als gegenwärtig erlebt werden, offenbar deutlich größer als beim Menschen, bei anderen Tieren ist sie kleiner.

Wenn aber die Gegenwart immer zeitlich ausgedehnt ist (auch wenn diese Ausdehnung bei uns meist nur Bruchteile von Sekunden umfaßt), die Ausdehnung aber variabel ist, mal länger und mal kürzer, warum sollte sie dann nicht, bei Gott nämlich, so weit ausgedehnt sein, daß sie *alle* zeitlichen Abläufe umfaßt und in *einer* Wahrnehmung vereint? Gottes Gegenwart wäre dann einfach unendlich viel länger als die unsere, aber nicht grundsätzlich von ihr unterschieden. Was für uns eine unüberschaubare Reihe von Ereignissen wäre, wäre dann für Gott vermutlich ein einziges Ereignis, das freilich im Vergleich mit den von uns wahrnehmbaren Ereignissen unvorstellbar komplex wäre. So wie uns die Bewegung einer Hand, so erschiene auch Gott der gesamte Weltverlauf als *eine ungeteilte Bewegung.*

21

Que sera, sera

Jede sinnvolle Aussage, die wir machen, ist, so scheint es, wahr oder falsch. Wenn ich jetzt sage, daß es draußen regnet, dann trifft diese Behauptung entweder zu oder nicht. Denn entweder es regnet oder es regnet nicht. Eine dritte Möglichkeit gibt es nicht: tertium non datur – das ist der Satz vom ausgeschlossenen Dritten. (Selbst wenn der Regen in Schnee übergeht, so daß ich nicht genau weiß, ob ich das, was jetzt vom Himmel herunterkommt, Schnee oder Regen nennen soll, wird es, je nachdem wie ich die Grenzen des Begriffs festlege – das heißt, wie ich das Wort «Regen» definiere –, immer noch entweder regnen oder nicht regnen.) Ob die Aussage «Jetzt regnet es» wahr ist, hängt natürlich auch davon ab, *wann* diese Aussage getroffen wird, also auf welches Jetzt sich die Aussage bezieht. Wir können also schlecht sagen, daß diese Aussage zu *jeder* Zeit wahr oder aber zu *jeder* Zeit falsch ist. Manchmal ist sie wahr und manchmal falsch. Wenn ich aber nun sage: Am 10. Februar 2005 um 12 Uhr mittags regnet es auf dem Kölner Domplatz, dann scheint diese Aussage entweder wahr oder falsch zu sein, gleichgültig wann die Aussage getroffen wird. Mit anderen Worten: Eine solche Aussage ist *immer* wahr oder *immer* falsch. Für den Wahrheitsgehalt dieser Aussage spielt es also keine Rolle, ob ich sie am 10. Februar selbst, am Tag darauf oder am Tag davor treffe.

Nehmen wir an, ich sage am Dienstag, daß ich am Mittwoch, das heißt am darauffolgenden Tag, nicht aus dem Haus gehen werde. Der Mittwoch kommt, und ich gehe tatsächlich nicht aus dem Haus. Was ich also am Dienstag gesagt habe, traf zu. Meine Behauptung, am Mittwoch nicht aus dem Haus zu gehen, war also wahr, und hätte jemand behauptet, ich würde aber doch rausgehen, so hätte er unrecht gehabt. Seine Voraussage wäre falsch gewesen. Wenn es aber bereits am Dienstag wahr gewesen ist, daß ich am Mittwoch nicht aus dem Haus gehen würde, dann, so scheint es, ist es mir gar nicht möglich, am Mittwoch das Haus zu verlassen. Denn täte ich es, dann wäre es ja am Dienstag nicht wahr gewesen, daß ich es nicht tun würde. Wenn es also wahr war, dann war es unvermeidlich, es nicht zu tun. Wäre die Behauptung hingegen am Dienstag falsch gewesen, dann hätte ich am Mittwoch das Haus verlassen *müssen*. Und da die Aussage am Dienstag entweder wahr oder falsch gewesen sein muß (wie sie auch vor Tausenden von Jahren schon wahr oder falsch gewesen sein muß) blieb mir in jedem Fall nichts anderes zu tun als das, was ich tatsächlich tat. Schon von Anbeginn der Zeit an war es wahr, daß ich an diesem besonderen Mittwoch nicht das Haus verlassen würde, wobei es unerheblich ist, daß es damals niemanden gab, der eine solche Behauptung hätte aufstellen können. Aus der angenommenen Zeitlosigkeit der Wahrheit und dem logischen Gesetz vom ausgeschlossenen Dritten folgt somit die Notwendigkeit *aller* Ereignisse. Aus scheinbar unverfänglichen Annahmen sind wir also unversehens in einen Determinismus hineingeraten, daß heißt zu der Schlußfolgerung, daß alles, was geschieht, notwendig so geschieht, wie es geschieht, und nicht anders hätte geschehen können. Jedoch ist dieser Determinismus nicht, wie es heute üblich ist, kausal begründet (also aus der Annahme heraus, daß alles, was geschieht, eine Ursache haben muß), sondern *logisch*.

Auf die Konsequenz eines solchen logischen Determinismus hat zum ersten Mal Aristoteles (384–322 v. Chr.) aufmerksam gemacht. Nicht daß dieser eine deterministische Position hätte vertreten wollen. Im Gegenteil wollte er vielmehr die Unhaltbarkeit der zunächst ja einmal recht plausibel scheinenden Annahme beweisen, daß jede Aussage stets wahr oder falsch sein müsse. Für Aristoteles widerlegt hier die paradoxe Konsequenz die zugrunde liegende Annahme. Zwar gebe es durchaus eine logische Notwendigkeit auch für zukünftige

Ereignisse, aber nur insofern als auch für jedes zukünftige Ereignis gilt, daß es entweder geschehen wird oder nicht geschehen wird. Tertium non datur. Da es keine dritte Möglichkeit gibt, gilt der Satz vom ausgeschlossenen Dritten also auch hier ohne Einschränkung. Welches zukünftige Ereignis ich mir auch immer vorstelle, es gilt in jedem Fall, daß es stattfinden oder nicht stattfinden wird. Entweder werde ich morgen eine Reise ins Ausland antreten oder ich werde es nicht tun; entweder ich werde mit dem Hund spazieren gehen oder ich werde nicht mit dem Hund spazieren gehen. Aus dieser logischen Notwendigkeit eines Entweder-Oder folgt jedoch *nicht* die Notwendigkeit eines der beiden alternativen Ereignisse, das heißt entweder des einen oder des anderen. Es ist notwendig, so lautet das von Aristoteles gewählte Beispiel, daß eine Seeschlacht morgen entweder stattfindet oder nicht stattfindet, aber es ist weder notwendig, daß morgen eine Seeschlacht stattfindet, noch daß sie nicht stattfindet.

Wenn es nun aber heute wahr ist, daß morgen eine Seeschlacht stattfindet, dann, so scheint es, ist es auch *notwendig*, daß sie stattfindet, denn der Satz kann ja nur dann wahr sein, wenn die Seeschlacht auch tatsächlich stattfindet. Wenn daher der Satz heute wahr ist, ist es *unmöglich*, daß die Schlacht nicht stattfindet, und wenn es unmöglich ist, daß sie nicht stattfindet, dann ist es notwendig, daß sie stattfindet. Hieraus folgt nun umgekehrt, daß, wenn es *nicht* notwendig ist, daß morgen die Schlacht stattfindet, es auch heute nicht *wahr* sein kann, daß sie morgen stattfindet – und zwar selbst dann nicht, wenn sie tatsächlich morgen stattfindet. Wenn wir also nicht jedes Ereignis für notwendig halten wollen, dann müssen wir annehmen, daß erst dann, wenn das Ereignis tatsächlich stattfindet, die zuvor getroffene Behauptung, das Ereignis werde stattfinden, wahr *wird*. Die Behauptung hat sich bewahrheitet, was aber eben nicht heißt, daß sie schon vor dem Ereignis wahr (oder falsch) gewesen wäre. Die Wahrheit geht dem Ereignis nicht voraus, vielmehr entsteht sie mit dem Ereignis. Eine sinnvolle Aussage über zukünftige Ereignisse, über Ereignisse also, die noch nicht stattgefunden haben, ist somit weder wahr noch falsch, obwohl auch für zukünftige Ereignisse gilt, daß sie stattfinden müssen oder nicht. Das heißt, es ist zwar wahr, daß entweder morgen eine Schlacht stattfindet oder nicht, aber es ist nicht entweder wahr oder falsch, daß morgen eine Schlacht stattfindet. Der Satz vom ausgeschlossenen Dritten gilt uneingeschränkt für Ereignisse, aber nicht uneingeschränkt für die Wahrheit von Aussagen über Ereignisse.

All dies folgt allerdings nur, wenn wir nicht bereit sind, den logischen Determinismus und die Notwendigkeit aller Ereignisse zu akzeptieren. *Wenn* wir dazu bereit sind, sieht die Sache anders aus und wir können weiterhin daran festhalten, daß *alle* sinnvollen Aussagen, also auch solche über zukünftige Ereignisse, zu jeder Zeit entweder wahr oder falsch sind. Warum aber sollten wir das tun? Nun, für einige Menschen hat der Determinismus offenbar einen gewissen Reiz. Der Reiz besteht darin, daß, wenn alles, was sich jemals ereignet, sich notwendig genau so ereignen *muß*, wir uns scheinbar nicht mehr anstrengen müssen, die Welt selbst zu gestalten. Wir können uns die Mühe sparen, da ja sowieso alles vorherbestimmt ist. Wir können nichts ändern, nichts beeinflussen und sind damit auch nicht verantwortlich für das, was geschieht. Wenn es immer wahr war, daß ich morgen vom Eiffelturm springen werde, dann kann ich mich dagegen sträuben, soviel ich will, ich werde es morgen doch tun. Man denke an den König Ödipus, der alles daran setzte, die Prophezeiung, er werde seinen Vater töten und seine Mutter ehelichen, Lügen zu strafen, und dadurch doch nur das herbeiführte, was er zu vermeiden trachtete. Der Versuch, seinem Schicksal zu entgehen, ist kläglich gescheitert: Da hätte er es doch gleich lassen können. Hier geht der logische Determinismus in einen logischen Fatalismus über, der das Leben, wenn man sich einmal damit angefreundet hat, auch einfacher machen kann. Pläne machen, Anstrengungen unternehmen – wozu? Es kommt ja doch alles, wie es kommen muß. Entweder werde ich morgen sterben oder ich werde es nicht. Was immer geschehen wird, es ist schon jetzt eine ausgemachte Sache. Que sera, sera. Also brauche ich mir keine Gedanken und keine Sorgen zu machen. Entweder ist es überflüssig, mich nicht in Gefahr zu bringen, oder es ist vergeblich. Was auch immer ich tue, das Ergebnis ist dasselbe. Drum laßt uns das Leben genießen: die Zukunft kann für sich selber sorgen.

Diese Wendung ins Praktische, die mit der fatalistischen Interpretation des logischen Determinismus einhergeht, kann sicher als befreiend erlebt werden. Vielen wird allerdings eine offene Zukunft und der damit verbundene Handlungsspielraum lieber sein. In jedem Fall ist es aber so, daß selbst wenn man den logischen Determinismus für richtig hält, sich entgegen dem ersten Anschein kein Fatalismus aus ihm ableiten läßt. Denn es ist ja nicht so, daß sich etwa dem Ödipus das erfüllt hat, was ihm prophezeit wurde, *obwohl* er alles tat, um seinem Schicksal zu entgehen, sondern vielmehr gerade *weil* er tat, was er tat. Es ist also nicht so, daß er hätte tun können, was er wollte, und am Ende wäre es doch auf das Gleiche herausgekommen. Und darum ist es auch nicht so, daß wir tun können, was wir wollen, ohne daß sich dadurch etwas änderte. Vielmehr wird, was auch immer innerhalb unseres Handlungsbereichs geschieht, geschehen, weil wir in bestimmter Weise gehandelt oder nicht gehandelt haben. Selbst wenn die Zukunft feststeht, beruht sie doch weiterhin auf dem, was wir tun, und die Zukunft wird sein, wie sie ist, weil wir tun, was wir tun. Es liegt also, Determinismus hin oder her, immer noch an uns, wie die Zukunft aussehen wird. Es bleibt uns somit gar nichts anderes übrig, als weiterhin das zu tun, was wir zu tun für richtig halten. Dies gilt um so mehr, als wir gar nicht wissen können, wieviel Gestaltungsspielraum wir tatsächlich haben (und ob wir überhaupt welchen haben). Darum ist es das beste, wir tun einfach weiter so, als sei die Zukunft offen und wir könnten sie beeinflussen. Denn wenn der Determinismus recht hat, dann ist dies ohnehin genau das, was wir tun *müssen*.

22

Buridans Esel

Ich gehe in ein Restaurant und entdecke auf der Speisekarte eines meiner beiden Lieblingsgerichte: Spargel in Senfsauce. Ich will gerade meinen Spargel bestellen, da sehe ich, daß erfreulicherweise auch noch mein anderes Lieblingsgericht angeboten wird, nämlich gebratene Möhrchen. Was mache ich jetzt? Nun, wahrscheinlich werde ich einen Moment zögern und dann meine Wahl treffen. Denn *irgend*eine Wahl muß ich ja treffen. Selbst wenn ich hungrig oder gierig genug bin, einfach beides zu bestellen, muß ich danach immer noch entscheiden, welches der beiden Gerichte ich zuerst essen oder probieren will. Ich treffe also notgedrungen meine Entscheidung. Was aber hat mich dazu bewogen, mich gerade so zu entscheiden? Warum habe ich gerade dieses gewählt und nicht das andere, obwohl ich doch *beide* Gerichte ausgesprochen gern und, so kommt es mir vor, auch *gleich* gern mag? Warum Spargel und nicht Möhrchen? Oder warum Möhrchen und nicht Spargel?

Es gibt nun grundsätzlich zwei Möglichkeiten, diese Frage zu beantworten. Entweder man sagt, daß es schlechterdings keinen Grund *gab*, also daß ich *einfach* so entschieden habe und ich mich ganz genausogut auch anders hätte entscheiden können. Oder man sagt, daß es zweifellos einen Grund gegeben hat, auch wenn sich der Grund in diesem Fall vielleicht nicht genau angeben läßt. Letzteres ist auf den ersten Blick plausibler, da gemäß dem von Leibniz hervorgehobenen Prinzip *nichts* ohne zureichenden Grund geschieht, das heißt ohne eine (mitunter sehr komplexe) Ursache, die erklärt, warum etwas gerade so geschieht, wie es geschieht, und nicht anders. Wenn es nämlich keinen Grund gäbe, warum etwas so und nicht anders geschieht, wie kann es dann überhaupt geschehen? Etwas, das ohne Grund geschähe, wäre tatsächlich eine Schöpfung aus dem Nichts, oder vielmehr (sofern der Begriff Schöpfung schon begründetes Handeln impliziert): ein spontanes, unerklärliches *Entstehen* aus dem Nichts. Ein solches Entstehen aus dem Nichts ist aber für uns kaum denkbar und sicher nicht lebbar. Wenn ich ein Glas auf den Tisch stelle, und es zerbricht plötzlich in tausend kleine Splitter, dann weiß ich, daß es dafür einen Grund geben *muß*. Denn müßte es keinen geben, dann wäre jederzeit *alles* möglich. Wenn aber jederzeit alles möglich ist, dann ist meinem Handeln die Grundlage entzogen, denn ich kann sinnvoll nur handeln, wenn ich mich darauf verlassen kann, daß das Gesetz von Ursache und Wirkung weiterhin gilt. Ich bin daher, wenn das Glas unversehens zersplittert, davon überzeugt, daß es einen Grund für dieses merkwürdige Verhalten des Glases gibt, und wenn ich es mir sonst auf keine Weise erklären kann, dann war es wohl ein Poltergeist. Irgend etwas *muß* jedenfalls daran schuld sein.

Die gleiche Notwendigkeit scheint nun aber auch für menschliche Handlungen zu gelten, denn Handlungen sind ja auch nur eine besondere Art von Ereignissen. Ich treffe also meine Wahl nicht «einfach so», sondern aus einem bestimmten Grund, auch wenn mir dieser nicht unbedingt bewußt zu sein braucht. Mir ist heute eben mehr nach Möhrchen, was natürlich auch wieder einen Grund hat. Vielleicht hatte ich bereits letzte Woche Spargel. Oder mir fällt ein, daß ich von Spargel immer Blähungen kriege, was im Hinblick auf das von mir geplante Rendezvous am Abend vielleicht eher ungünstig ist. Aus diesem Grund habe ich mich also für Möhrchen entschieden. Allerdings läßt sich nicht leugnen, daß es auch Gründe gegeben hätte, sich für Spargel zu entscheiden (zum Beispiel den, daß ich Spargel sehr gern esse). Daß ich es also nicht getan habe, liegt offenbar nicht daran, daß ich *überhaupt* keinen Grund dazu gehabt hätte. Woran aber dann? Nun, offenbar daran, daß *insgesamt* mehr oder schwerwiegendere Gründe für die Möhrchen und gegen den Spargel sprachen.

Stellen wir uns vor, jeder Grund habe ein bestimmtes Gewicht, das die Waage der Entscheidung herunterdrückt, und wenn die Gründe auf der Möhrchen-Seite schwerer wiegen als auf der Spargel-Seite, dann entscheidet man sich eben für Möhrchen, und wenn sie auf der Spargel-Seite schwerer wiegen, dann für Spargel. Oder stellen wir uns vor, daß wir ein Stück Eisen sind und jeder Grund ein Magnet, der uns in eine bestimmte Richtung zieht. Manche Magneten ziehen in diese, andere in jene Richtung, und wir bewegen uns eben dahin, wo sich die meisten oder insgesamt stärksten Magneten befinden. Wenn aber Entscheidungen sich in dieser Art abspielen, quasimechanisch und als notwendiges Ergebnis eines bestimmten Kräfteverhältnisses, dann kann man sich auch eine Situation vorstellen, in der das Kräfteverhältnis vollkommen ausgeglichen ist. Nehmen wir an, alle Gründe, die für Möhrchen sprechen, liegen in der einen Waagschale, und alle Gründe, die für Spargel sprechen, in der anderen, und das Ergebnis ist ein vollkommenes Gleichgewicht. Keines wiegt auch nur ein Gramm mehr als das andere. Es scheint, daß in einer solchen Situation eine Entscheidung nicht mehr möglich wäre.

Diese scheinbare Unmöglichkeit einer Entscheidung dann, wenn es tatsächlich überhaupt nicht mehr Grund gibt, eher das eine als das andere zu tun, wird anschaulich gemacht in der bekannten Fabel von Buridans Esel. Dieser befindet sich in der mißlichen Lage, genau in der Mitte zwischen zwei gleich großen und gleich attraktiven Heuhaufen stehend verhungern zu müssen, weil er mangels eines bestimmenden Grundes unfähig ist, sich eher dem einen als dem anderen zuzuwenden. Der Scholastiker Johannes Buridan (1300–1358) soll diese Fabel angeblich benutzt haben, um der Behauptung Nachdruck zu verleihen, daß es, entgegen unserer natürlichen Überzeugung, keine Willensfreiheit gebe. Ob Buridan dieses Beispiel wirklich benutzt hat, ist jedoch fraglich. Es liegt jedoch nahe, die Antwort auf die Frage nach der Willensfreiheit in einer solchen Situation zu suchen. Denn in allen anderen Situationen gibt das Verhalten keinen Aufschluß darüber, ob der Wille, der das Verhalten steuert, frei ist oder nicht. Immer wenn der Esel sich bewegt, um irgend etwas zu tun, bleibt es offen, ob er es aufgrund seines freien Willens tut oder vielmehr deshalb, weil ihn irgendetwas, das er selber gar nicht beeinflussen kann, in diese oder jene Richtung zieht. Nicht er entschiede sich dann also zum Fressen, sondern sein Hunger und die Erreichbarkeit von Futter trieben ihn mit unwiderstehlicher Macht dazu. Hunger und Futter sind gleichsam die Fäden, an denen sein Wille hängt und zappelt wie eine Marionette. Jedenfalls könnte es so sein, denn ein solcher Marionetten-Esel läßt sich ja äußerlich von einem Esel, der sich selbst ganz frei entscheidet, überhaupt nicht unterscheiden. Der Esel kann all das, was er tut, ausführen, ohne dazu freien Willen zu benötigen. Anders gesagt: Solange es Gründe gibt, eher dies als jenes zu tun, ist der freie Wille (als Erklärungsprinzip) überflüssig. Der Esel braucht ihn nicht. Und wir brauchen ihn gewöhnlich auch nicht.

Um feststellen zu können, ob wir wirklich frei sind oder statt dessen an unsichtbaren Fäden hängen, deren Bewegungen wir (gar nicht anders können als zu) gehorchen, müßten wir in einer Situation sein, in der uns zwei Handlungsmöglichkeiten offenstehen, es aber schlechterdings nichts gibt, das uns eher zur einen als zur anderen neigen ließe. Wir müßten uns also in einer ähnlichen Situation befinden wie Buridans Esel. Echte Willensfreiheit hätten wir genau dann, wenn wir auch in einer solchen Lage noch eine Entscheidung treffen könnten. Buridans Esel, so will es die Fabel, ist dazu nicht in der Lage, also hat er auch keine Willensfreiheit. Ob aber ein *echter* Esel auch gelähmt wäre, wenn er in die beschriebene Situation käme, ist damit noch längst nicht geklärt. In der Fabel wird schlicht vorausgesetzt, daß der Esel keine Willensfreiheit besitzt, denn sonst würde er in der beschriebenen Situation nicht verhungern. Kann man sich aber einen echten Esel vorstellen, der hier tatsächlich verhungert? Fände man einen solchen, wäre das wohl ein schlagendes Argument gegen die Willensfreiheit (von Eseln), aber niemand wird ernsthaft damit rechnen. Wir können davon ausgehen, daß ein Esel sich stets ohne großes Zögern entscheiden wird, ganz gleich, wie kunstvoll wir die Situation arrangieren, um ein Gleichgewicht der Gründe zu schaffen. Auch nach zahllosen gelungenen Experimenten werden wir allerdings immer noch nicht wissen, ob Esel tatsächlich über Willensfreiheit verfügen oder nicht. Daß der Esel niemals in Entscheidungsnot gerät, kann nämlich auch daran liegen, daß es solche Situationen, in denen alle Möglichkeiten exakt gleichwertig sind, im wirklichen Leben einfach nicht gibt.

Zwar läßt sich durchaus vorstellen, daß wir in manchen Entscheidungssituationen für eine Weile ebenso gelähmt sind wie Buridans Esel. (Denn von *Menschen* können wir uns das vorstellen, aber nicht von einem Esel – und das liegt bestimmt nicht daran, daß wir dem Esel mehr Willensfreiheit zubilligen als uns selbst. Eher ist das Gegenteil der Fall.) Solche Schwierigkeiten, uns zu entscheiden, haben wir selten in banalen Alltagssituationen, in denen es um nichts geht – obwohl manche Menschen sich auch hier schwer tun –, sondern vor allem dann, wenn viel von unserer Entscheidung abhängt. Die Lähmung ist aber immer nur temporär, weil das Verfließen der Zeit selbst die Situation verändert. Denn mit der Zeit kommen stets neue Aspekte ins Spiel, die dann die Patt-Situation auflösen. Buridans Esel vermag sich nur deshalb nicht zu entscheiden, weil er als zeitlos vorgestellt wird, eingefroren in eine Situation, in der es nur ihn und die beiden Heuhaufen gibt, für immer in exakt demselben Zustand. Da aber auch Esel in der Zeit leben, wird kein Esel jemals aus Mangel an Willensfreiheit verhungern.

23

Laplaces Dämon

Die Ansicht, daß alles, was geschieht, einen hinreichenden
Grund hat und damit zwangsläufig so geschieht, wie es geschieht, wird oft deterministisch genannt. Das Unangenehme
dieser Ansicht besteht darin, daß man kaum umhin kann, sie
für wahr zu halten. Denn wenn, wie wir alle ja gemeinhin glauben, tatsächlich nichts ohne Ursache geschieht, so daß
alles, was sich ereignet, sich aus dem, was ihm vorausgegangen
ist, vollständig erklären läßt, dann muß es prinzipiell möglich
sein, aus dem gegenwärtigen Zustand der Welt jeden zukünftigen Zustand abzuleiten. Denn die zukünftigen Zustände der
Welt sind nur die Wirkungen des gegenwärtigen, wie der gegenwärtige Zustand der Welt nur die Wirkung ihrer vergan-
genen Zustände ist. Die Gesetze der Natur gelten ohne Einschränkung, überall und zu jeder Zeit (und selbst wenn sie es,
zu irgendeiner Zeit, an irgendeinem Ort, nicht tun sollten, so
muß es wieder einen Grund geben, warum sie es dann und dort
nicht tun). Wäre es nur möglich, diese Gesetze genau zu kennen und darüber hinaus noch alles, was zu einem bestimmten
Zeitpunkt der Fall ist – die Kräfte der Natur und die Situation
jedes einzelnen Lebewesens, die Lage und die Bewegung der
Sterne sowie die jedes einzelnen Atoms –, dann wäre die Zukunft kein Geheimnis mehr. Diese Folgerung hat der französische Mathematiker Pierre Simon, Marquis de Laplace
(1749–1827) in seinem 1814 erstmals erschienenen *Philosophischen Versuch über die Wahrscheinlichkeit* (Essai philo-
sophique sur les probabilités) aus dem Satz vom zureichenden
Grund gezogen. Als «Laplaces Dämon» firmiert seither eine
fiktive kosmische Intelligenz, die das Ganze zu überschauen
und daraus die richtigen Schlüsse zu ziehen vermag. Ob es eine

solche Intelligenz gibt, ob sie auch nur möglich ist, ist dabei ganz irrelevant. Der entscheidende Punkt ist, daß die Welt so beschaffen ist, daß ein solcher Dämon, wenn es ihn gäbe, ohne die Zukunft direkt sehen zu können, allein aus der Gegenwart alle zukünftigen Zustände der Welt mit unfehlbarer Sicherheit erschließen könnte. Daß wir selbst nicht zuverlässig voraussagen können, was in einer Million Jahren geschehen wird, ja nicht einmal, was morgen geschieht, liegt dann nicht etwas daran, daß die Zukunft offen wäre, in dem Sinne, daß jetzt einfach noch nicht feststeht, was morgen, geschweige denn in einer Million Jahren geschehen wird, sondern ausschließlich daran, daß unsere Kenntnis der *Gegenwart* so beschränkt und unvollkommen ist. Da wir niemals einen vollständigen Überblick über die Faktenlage haben werden, so werden wir in unseren Vorhersagen stets auf Wahrscheinlichkeiten angewiesen bleiben, deren Studium allerdings wissenschaftlich genau betrieben werden kann, und zwar gerade deshalb, *weil* es objektiv betrachtet keine Zufälle gibt und die Zukunft sich zwangsläufig aus der Gegenwart ergibt. Ereignisse sind demnach auch nicht an sich wahrscheinlich oder unwahrscheinlich bzw. mehr oder weniger wahrscheinlich, sondern nur für uns, so wie es auch den Zufall nicht an sich, sondern nur für uns, das heißt aus der Perspektive einer Unkenntnis der Zusammenhänge gibt. Wenn ich erzähle, daß ich «zufällig» einen alten Bekannten auf der Straße getroffen habe, dann meine ich damit selbstverständlich nicht, daß unser Zusammentreffen den Kausalgesetzen widerspreche, also ursachenfrei sei, sondern lediglich, daß ich damit nicht gerechnet habe und aufgrund meines Wissens auch nicht rechnen konnte. Ich zweifle aber nicht einen Augenblick daran, daß sowohl meine Gegenwart als auch die Gegenwart meines Bekannten zu dieser Zeit an diesem Ort aus einer Kette von Ursachen resultiert, die vollständig erklären, wieso wir uns jetzt hier begegnet sind.

Der Wissenschaft kann das natürlich nur recht sein, denn sie wäre nicht möglich, wenn man sich nicht auf das Kausalprinzip (den Satz vom zureichenden Grund) und das Kausalgesetz (daß gleiche Ursachen stets gleiche Wirkungen hervorbringen) verlassen könnte. Wir brauchen nicht zu fürchten, daß uns irgendein Wissenschaftler eines Tages unsere Zukunft in allen Einzelheiten vorhersagt. Gleichwohl hat die bloße Denkbarkeit eines Laplaceschen Dämons etwas zutiefst Beunruhigendes, weil wir damit der Möglichkeit beraubt scheinen, irgendeinen echten Einfluß auf den Lauf der Welt zu nehmen. Denn wenn alles eine Ursache hat, dann selbstverständlich auch unser Handeln, und wenn dieses Handeln auch durch unseren eigenen Willen verursacht wird, so ist doch der Wille selbst wieder Ursachen unterworfen, über die wir keine Macht mehr haben. Daß wir frei seien, auch etwas anderes zu tun und zu wollen, entpuppt sich damit als eine bloße Illusion. Was immer wir jetzt tun, wie immer wir uns entscheiden: ein Laplacescher Dämon hätte es schon vor Jahrmillionen voraussehen können. Das heißt, daß wir nichts von dem, was wir tun, hätten lassen können, und nichts von dem hätten tun können, was wir lassen. Es gibt keine genuinen Möglichkeiten, sondern nur Tatsachen, und es spielt überhaupt keine Rolle, daß manche dieser Tatsachen in der Zukunft liegen.

Wir hätten wohl keine Schwierigkeiten, den Determinismus zu akzeptieren, wenn wir uns nur damit abfinden könnten, keine Willensfreiheit zu besitzen. Wir wollen uns aber nicht selbst als Marionetten denken müssen, deren Wille gelenkt wird von Ursachen, die unserer Kontrolle entzogen sind. Aber verstehen wir eigentlich, was wir hier wollen? Während sich nämlich die *Handlungs*freiheit noch ganz einfach begreifen läßt als die Möglichkeit, dem eigenen Willen gemäß zu handeln, also so zu handeln, wie man es will, ohne von den Umständen oder anderen Menschen gewaltsam daran gehindert zu werden, bereitet die der Handlungsfreiheit logisch vorgeordnete *Willens*freiheit dem Verständnis erhebliche Schwierigkeiten. Denn ein Wille, der ganz durch Gründe bestimmt wird, scheint nicht frei zu sein, ein Wille aber, der sich selbst *ohne* jeden Grund bestimmt, kann kaum noch als *eigener* Wille verstanden werden. Wenn ich eine Entscheidung treffe, ohne *ir-*

gendeinen Grund dafür zu haben, dann kann ich diese Entscheidung gar nicht sinnvoll mir selbst zuordnen. Es ist dann eher etwas, das einfach passiert – *mir* passiert –, als etwas, das ich selbst als Handlung vollziehe. Nehmen wir an, ich stelle plötzlich fest, daß ich etwas Bestimmtes will, ohne aber, soviel ich auch darüber nachgrübele, einen Grund benennen zu können, warum ich es will. In einem solchen Fall wird mir mein Wille nicht etwa als besonders frei erscheinen, sondern im Gegenteil als fremdbestimmt. Damit uns unser Wollen als selbstbestimmt vorkommen kann, muß es begründet oder wenigstens begründ*bar* sein. Sobald wir aber Gründe dafür haben, etwas zu wollen bzw. nicht zu wollen, stellt sich die Frage, ob diese Gründe unser Wollen determinieren, derart daß, unter der Maßgabe dieser Gründe, wir gar nicht anders wollen *können* als wir es tun. Das heißt, die Gründe werden zu hinreichenden Gründen im Leibnizschen Sinne, also zu bestimmenden Ursachen unseres Wollens. Damit aber scheint der Wille nicht mehr frei zu sein.

Die Schwierigkeit besteht also darin, daß die Willensfreiheit sich weder mit vollständiger Grundlosigkeit noch mit vollständiger Begründetheit vereinbaren läßt. Was bleibt aber dann noch übrig? Was wir uns gewöhnlich unter Willensfreiheit vorstellen, ist eine Art Mittelweg: Wir wollen unser Wollen (und damit letztlich auch unser Handeln, das ja aus dem Wollen hervorgeht) begründet wissen, wir wollen aber auch eine gewisse Freiheit gegenüber diesen Gründen bewahren und ihnen nicht einfach blind folgen. Die Willensfreiheit würde dann in der prinzipiellen Möglichkeit bestehen, sich auch gegen die stärkeren Gründe entscheiden zu können. Meine Willensfreiheit würde ich also beweisen, indem ich zum Beispiel jetzt nackt auf die Straße laufe und damit zur Unterhaltung der Nachbarn beitrage, obwohl es viele gute Gründe gibt, dies besser zu unterlassen, und sehr wenige oder gar keine, es doch zu tun. Und ich zweifle nicht daran, daß ich dies wirklich tun *könnte*, wenn ich wollte, und daß ich es auch *wollen* könnte, ganz egal, ob es dafür einen guten Grund gibt oder nicht. Aber die Sache hat einen Haken: Ich dürfte dies nämlich nicht tun, um zu beweisen, daß ich einen freien Willen habe, denn würde ich dies beweisen wollen, hätte ich einen ausgezeichneten Grund für mein merkwürdiges Verhalten, also einen Grund, etwas zu tun, wozu ich normalerweise keinen Grund hätte. Wenn ich aber durch diese Handlung meine Willensfreiheit *nicht* beweisen will, warum um alles in der Welt sollte ich es dann tun wollen? Ich hätte keinen Grund und würde es deshalb auch nicht tun. Es ist daher unmöglich, die Willensfreiheit beweisen zu wollen, indem man etwas tut, was man nur deshalb tut, weil man beweisen möchte, daß man es kann. Wäre ich aber tatsächlich fähig, mich für etwas zu entscheiden, obwohl alles dagegen spricht (und damit meine ich nicht nur die Vernunft, sondern auch meine ganz und gar nicht vernünftigen Begierden und grundsätzlich alles, was meine Entscheidung irgendwie zu beeinflussen vermag), dann wäre diese Entscheidung selbst doch wieder völlig grundlos und damit nichts, was ich noch mir und meinem Willen zurechnen könnte.

Um die sogenannte Willensfreiheit ist es also in jedem Fall schlecht bestellt, ganz egal, ob der Determinismus wahr ist oder nicht. Wenn nämlich alles eine Ursache hat, dann auch unsere Willensentscheidungen, was bedeutet, daß es keinen freien Willen gibt. Wenn es aber Ereignisse gibt, die nicht von irgend etwas verursacht sind, und Willensentscheidungen solche Ereignisse sind, dann ist der Wille gleichsam *zu* frei, indem er aufhört, irgend jemandes Wille zu sein. Müssen wir uns daher also doch damit abfinden, keine Willensfreiheit zu besitzen?

24

Mit einem Fuß im Feenland

Ein freier Wille ist paradox, weil wir nicht verstehen können, wie ein freier Wille überhaupt möglich sein sollte. Diese Schwierigkeit besteht, wie wir gesehen haben, in einer nicht-deterministischen Welt genauso wie in einer deterministischen. Gleichwohl mag für viele der Determinismus beunruhigender sein, weil er das Weltgeschehen auf einen mechanischen Ablauf physischer Prozesse reduziert und damit die Zeit (und uns selbst) zu bloßen Erfüllungsgehilfen des Immer-schon-Feststehenden degradiert. Denn was auch immer geschieht, geschieht aus Notwendigkeit. Wenn wir aber den Determinismus ablehnen, dann scheint die einzig verbleibende Alternative der Indeterminismus zu sein, das heißt, wir müssen die Möglichkeit absoluter Zufälle zulassen (also von Ereignissen, die sich nicht irgendwie erklären lassen), und das mag zwar in mancher Hinsicht weniger beunruhigend sein, widerspricht aber dem Kausalprinzip, von dessen Wahrheit wir nicht nur intuitiv überzeugt sind, sondern das wir auch voraussetzen müssen, wenn weiterhin so etwas wie Wissenschaft möglich sein soll. Vernünftigerweise sollten wir deshalb den Determinismus als wahr akzeptieren und den freien Willen als Illusion erkennen, wie es die Deterministen des 19. Jahrhunderts ebenso wie die von der Neurophysiologie gefesselten Neo-Deterministen unserer Tage im Zeichen der Aufklärung von uns verlangen.

Wenn wir aber dennoch weiterhin daran glauben, daß genuin freie Entscheidungen möglich sind, also Entscheidungen, die weder durch eine Reihe von Ursachen determiniert (und daher prinzipiell vorhersagbar) noch gänzlich grundlos (und daher prinzipiell unvorhersagbar) sind, hängen wir dann schlicht einer Art Aberglauben an? Sind wir Feinde der Aufklärung? Stimmt gar irgend etwas nicht mit uns; sind wir etwas sonderbar, wie etwa jemand, der an Feen glaubt?

Für den großen katholischen Apologetiker, scharfsinnigen Kritiker und brillianten Essayisten Gilbert Keith Chesterton (1874–1936) war ein solches Festhalten am scheinbar Unvernünftigen ganz im Gegenteil ein deutliches Zeichen geistiger Gesundheit. Gefahr bestehe vielmehr für jene, die blind ihrem Verstand folgen, ohne irgend etwas anzuerkennen, das sie nicht zu begreifen vermögen. Wenn man sagt, daß Genie und Wahnsinn oft zusammengehen, dann denkt man vor allem an Künstler. Und was die Künstler verrückt macht, glaubt man, ist ihre überbordende Einbildungskraft. In Wahrheit, hält Chesterton dem entgegen, ist es gerade die Einbildungskraft, die nicht nur Künstler, sondern uns alle gesund erhält, während der Wahnsinn gewöhnlich aus einer sich selbst überlassenen Vernunft entspringt: «Dichter werden nicht verrückt, wohl aber Schachspieler. Mathematiker werden verrückt, und Kassierer drehen durch, kreative Künstler dagegen nur höchst selten.» Das liegt daran, daß Künstler tendenziell damit zufrieden sind, gleichsam in einem unendlichen Meer (wirklicher und möglicher Erfahrungen) zu treiben, während der Verstand darum bemüht ist, dieses Meer zu durchmessen und auf diese Weise endlich zu machen. «Der Dichter will nichts weiter, als den Kopf in den Himmel zu stecken. Der Logiker sucht den Himmel in seinen Kopf zu stecken. Und dabei platzt ihm sein Kopf.»

Darum ist auch der gewöhnliche Geisteskranke ein ausgesprochen vernünftiger Mensch. Zum Beispiel tut er in der Regel nichts ohne Grund, während wir andauernd Dinge tun, ohne dafür einen Grund zu haben; jedenfalls ist uns kein solcher bewußt. Wir machen einfach etwas, ohne uns viel Gedanken darüber zu machen, warum wir es tun. Obwohl wir gewöhnlich nicht daran zweifeln, daß alles einen Grund hat, suchen wir nicht ständig nach Gründen, sondern leben einfach und kümmern uns nicht weiter um die Gründe. Der Geisteskranke hingegen kann solche sorglosen und grundlosen Handlungen «nie und nimmer verstehen, denn der Verrückte (wie der Determinist) sieht im Gegenteil zuviel Grund in allem.» Nichts geschieht ihm zufällig, alles hat eine Bedeutung. Aber auch ansonsten ist sein Verstand ungewöhnlich funktionstüchtig, so daß er in seinen Auffassungen kaum widerlegt werden kann. Er ist zwar verrückt, dabei aber vollkommen konsistent. Seine Logik ist bestechend, und zwar gerade deshalb, «weil er unbehindert ist durch all die Rücksichten, die Voraussetzung eines gesunden Urteils sind. Ihn hemmen kein Sinn für Humor und keine Nächstenliebe, keine dummen Erfahrungstatsachen. Die Einbuße gesunder Gefühlsregungen hat seine Logik geschärft. So gesehen, ist die gängige Beschreibung für den Geisteskranken irreführend. Der Verrückte ist nicht der Mann, der seinen Verstand verloren hat. Der Verrückte ist derjenige, der alles verloren hat, nur nicht seinen Verstand.»

Darum sollte auch, nebenbei bemerkt, der Titel von Goyas berühmter Radierung *El sueno de la razon produce monstruos* besser mit «Der *Traum* der Vernunft gebiert Ungeheuer» übersetzt werden als, wie es üblich ist, mit «Der *Schlaf* der Vernunft gebiert Ungeheuer». Letzteres legt die aufklärerische Deutung nahe, daß es schreckliche Folgen habe, wenn die Vernunft einmal in ihrer Wachsamkeit nachlasse, während ersteres genau das Gegenteil aussagt: Es ist die Vernunft, welche selbst die Ungeheuer gebiert, nämlich dann, wenn sie, blind für die Welt um sie herum, im Traum befangen, ganz bei sich ist. Chesterton, ohne auf Goya Bezug zu nehmen, beurteilt die Vernunft ganz ähnlich: Was den Geisteskranken von dem Gesunden unterscheidet, ist nicht, daß er weniger Verstand hätte, sondern vielmehr, daß er nur die Welt kennt, die ihm sein Verstand zu kennen erlaubt. Seine Welt ist vielleicht genauso vollständig wie die des Gesunden (wahrscheinlich sogar vollständiger, geschlossener, kohärenter), aber sie ist dabei doch deutlich kleiner und ärmer, weil sie nichts *anderes* mehr enthält. Darum besteht «das stärkste und unmißverständlichste Symptom für Verrücktheit (...) in dieser Kombination aus logischer Vollständigkeit und spiritueller Enge.»

Diese besondere Kombination ist aber auch genau das, was nach Chesterton manche philosophische Systeme auszeichnet: den Skeptizismus, der sich weigert, irgendetwas für wahr zu halten, was sich nicht als wahr erweisen läßt; den Materialismus, der nur physikalisch meßbare Prozesse und Gegebenheiten als wirklich anerkennt; und schließlich den Determinismus, der keinen Raum mehr läßt für Willensfreiheit, für das Unvorhersehbare, für «Hoffnung, Mut, Poesie, Initiative, (...) kurz, alles, was menschlich ist». Keines dieser Systeme ist durch Argumente zu widerlegen. Und doch scheinen sie wesentliche Teile der Wirklichkeit (also dessen, was wir als Wirklichkeit erleben) nicht zu erfassen, deren Existenz dann auch typischerweise einfach geleugnet wird. Der Materialismus etwa sei als Welterklärung «von einer irrsinnigen Schlichtheit. Er ist von haargenau derselben Art wie die Argumentation eines Verrückten; er vermittelt gleichzeitig den Eindruck, alles einzubegreifen und nichts zu erfassen.» So wirkt am Ende das Leben als Ganzes «grauer, enger und nichtssagender als viele seiner einzelnen Teile.» Der Materialist – der bei Chesterton zugleich ein Determinist ist (was ja auch tatsächlich für die meisten Materialisten zutrifft) – ist sich seiner Sache so sicher wie ein Geisteskranker der seinen. Er «weiß ganz genau, daß die Geschichte schlicht und einfach eine Kausalkette darstellt, geradeso wie die zuvor erwähnte Person todsicher weiß, daß sie schlicht und einfach ein Huhn ist. Materialisten und Verrückte sind gegen jeden Zweifel gefeit.» Dem Determinismus wirft Chesterton Unmenschlichkeit vor: entgegen seinen aufklärerischen Ansprüchen mache er nicht frei, sondern lege in Ketten. Indem er die Freiheit des Willens leugnet, beraubt er seine eigene Aussage der Bedeutung. Man kann nicht etwas leugnen, wenn man nicht *frei* ist zu leugnen. Ohne Freiheit ist *nichts* mehr von Bedeutung. Darum «bietet der Materialist den gleichen exotischen Anblick wie der Irre. Beide nehmen eine Haltung ein, die zugleich unwiderlegbar und unerträglich ist.» Es ist nicht so, daß sie falsch oder schlecht argumentieren würden, sondern vielmehr so, daß sie wie aus einem Kasten heraus argumentieren, der innen mit Sonne und Sternen bemalt ist, den sie aber niemals verlassen oder auch nur öffnen, um ein wenig echten Sonnenschein und frische Luft hineinzulassen. Wir finden hier das Hauptmoment des Wahnsinns wieder: eine entwurzelte, gleichsam im luftleeren Raum agierende Vernunft. Ohne eine angemessene Grundlage läuft die Vernunft aus dem Ruder, und wir sehen mit einem von der Vernunft verzerrten Blick auf die Welt. Die «angemessene» Grundlage aber ist für Chesterton das Geheimnis, das sich nicht zuletzt in der sinnlichen Fülle der Welt, ihrer schieren Unergründlichkeit und Unerschöpflichkeit manifestiert und uns zur Bescheidenheit, auch in unseren Erklärungsansprüchen, anhalten sollte. «Das mystische Moment ist es, was den Menschen im Laufe ihrer Geschichte die Gesundheit erhalten hat. Solange es das Mysterium gibt, bleiben die Menschen gesund; zerstört man es, liefert man sie dem Verfall aus. Der einfache Mensch ist gesund, weil er ein Mystiker ist. Er gestattet sich, im Zwielicht zu leben. Seit jeher steht er mit einem Fuß auf der Erde und mit dem anderen im Feenland. Er hat sich stets die Freiheit genommen, an seinen Göttern zu zweifeln; anders als der heutige Agnostiker aber hat er sich auch stets die Freiheit vorbehalten, an sie zu glauben. Wahrheit war ihm immer wichtiger als logische Konsequenz. Stand er vor zwei Wahrheiten, die sich zu widersprechen schienen, so akzeptierte er beide und nahm den Widerspruch in Kauf.»

So glauben die meisten von uns sowohl daran, daß nichts ohne Ursache geschieht, als auch daran, daß wir über einen freien Willen verfügen. Wir sehen nicht ein, wie beides zugleich wahr sein kann. Aber als Alltagsmystiker sehen wir großzügig darüber hinweg.

Anhang

Ein Briefwechsel vom Mai 2003 über Sartre und die Mondlandung

Geehrter Herr Hauskeller, vor kurzem habe ich mir Ihr Buch «Ich denke, aber bin ich?» gekauft und ich habe bereits einige Kapitel gelesen. Eine Frage stellte sich mir jedoch gleich beim Lesen. Sie schreiben vom direkten Existentialismus (Kapitel 2) ohne ein Wort über Jean-Paul Sartre zu verlieren. Er ist der wichtigste Vertreter des Existentialismus des letzten Jahrhunderts, aber mir scheint, für Sie auch der Unbekannteste. Woran liegt es, daß man Sartre in der Art vernachlässigt? Ein anderes Thema, bezieht sich auf das Kapitel 1 (2 + 3 = 6). Warum werden uns Tag für Tag sogenannte «Lügen» aufgetischt und eingetrichtert? Mein Astronomie-Lehrer fragte mich, in welchem Jahr die erste Mondlandung stattfand und wer dieser bedeutende Mensch war. Ich gab ihm zur Antwort, daß es keine Beweise für eine Mondlandung gibt und somit in meinen Augen noch nie jemand auf dem Mond gelandet ist. Für diese «freche» Antwort durfte ich Überstunden machen. Ich erwarte nicht, daß Sie mir diese Frage beantworten können, mich würde jedoch Ihre Meinung dazu sehr interessieren. Viele Grüße ...

Liebe Frau..., benutze ich in diesem Kapitel wirklich den Ausdruck «direkter Existenzialismus»? Selbst wenn ich es getan habe, so ist doch klar, daß es in diesem Kapitel nicht um Existenzialismus im Sinne Sartres, noch in dem Heideggers, noch in dem von Jaspers oder Kierkegaard oder Camus geht, sondern um eine Frage, die damit wenig oder gar nichts zu tun hat. Es gab also keinen Grund, auf Sartre hinzuweisen. Es gibt in diesem Buch sehr, sehr viele bedeutende Philosophen, die unerwähnt bleiben, aber daraus sollten Sie nicht schließen, daß ich ihnen keine Bedeutung beimesse. Was die Mondlandung betrifft, so frage ich mich, warum Sie so davon überzeugt sind, daß es die Mondlandung nie gegeben hat. Immerhin gibt es viele Berichte davon und selbst Filmaufnahmen. Wenn Sie dem nicht glauben, warum glauben Sie dann – was Sie ja offenbar tun – daß Sartre existiert hat? Vielleicht hat man ja dessen Existenz auch nur fingiert und alle Werke, die gemeinhin Sartre zugeschrieben werden, hat tatsächlich Ihr Astronomie-Lehrer verfaßt. Woher wissen Sie, daß es nicht so ist?

Der entscheidende Punkt ist, daß wir zwar viele Dinge für wahr halten, ohne sie jemals überprüft zu haben, daß es aber viele Dinge gibt, die sich überprüfen lassen, jedenfalls insoweit, als man sich über die Grundlagen dieser Überzeugung informieren kann und dann abwägen, ob es wahrscheinlicher ist, daß all die Dokumente, die ein Ereignis oder die Existenz einer Person zu belegen scheinen, gefälscht sind, als daß das Ereignis tatsächlich stattgefunden hat oder die Person wirklich existiert hat. Was die Mondlandung und die Existenz Sartres angeht, so scheint mir, daß es, nach Prüfung aller zur Verfügung stehenden Daten, keinen guten Grund gibt, eine solch gewaltige Geschichtsfälschung, wie sie hier nötig wäre, für wahrscheinlicher zu halten als die Wahrheit dessen, was hier angenommen wird.

Mit besten Grüßen Ihr Michael Hauskeller

Sehr geehrter Herr Hauskeller, ich habe nicht geschrieben, daß Sie den Begriff «direkter Existentialismus» erwähnen. Ich meinte eigentlich den Inhalt des Kapitels. Vielleicht denken Sie, ich habe Sie kritisiert, aber davon bin ich weit entfernt! Meine Frage war, warum Sartre vernachlässigt wird. Nicht nur in Ihrem Buch. Ja, wenn es nicht paßt, ist es schon richtig, ihn nicht zu erwähnen, aber meiner Meinung nach hat es gepaßt. Aber warum kann man an verschiedenen Universitäten keine Vorlesungen zu Sartre besuchen? Warum findet man in vielen Buchhandlungen nichts über ihn? Ja, ich bin davon überzeugt, daß es die Mondlandung nicht gegeben hat. Das ist meine Wahrheit. Ich bin an einem Punkt angekommen, an dem ich der Meinung bin, daß jeder Mensch seine eigene Wahrheit hat und es keine allgemeine Wahrheit gibt. «Immerhin gibt es viele Berichte davon und selbst Filmaufnahmen.» Dieser Satz scheint mir sehr naiv. Ein Mann Ihres Niveaus darf sich nicht einfach auf Medien verlassen. Das verdirbt und macht blind. Sartre hat existiert, ich weiß es nicht, aber ich glaube es. Ich halte mich an diesem Glauben fest. Ich weiß nichts, aber ich glaube das, was andere Menschen angeblich wissen. Vor einiger Zeit hat Zweifel mein Leben bestimmt, doch damit haut man nur den Kopf an die Wand. Liebe Grüße, ...

Liebe Frau..., die Frage ist, warum glauben Sie nicht an die Mondlandung, wohl aber an die Existenz Sartres? Da ich nicht annehme, daß Sie Sartre persönlich begegnet sind, werden Sie sich auch in diesem Fall wohl oder übel auf die «Medien» verlassen müssen, oder?

Mit herzlichen Grüßen Ihr Michael Hauskeller

Lieber Herr Hauskeller, weil ich das glaube, was ich glauben will. Es ist meine eigene Wahrheit und die besagt, daß es die Mondlandung nicht gegeben hat und daß Sartre existiert hat. Genauso gibt es für einige Leute

einen Gott, andere wollen beweisen, daß es ihn nicht gibt. Ich verlasse mich nicht auf die Medien, sondern auf seine Werke, Briefe und Aufzeichnungen.
Viele Grüße ...

Liebe Frau ..., seine Werke, Briefe und Aufzeichnungen sind Medien! Ihr M. H.

Wenn Sie meinen, vielleicht haben Sie auch recht. Aber das habe ich nicht gemeint: Ich dachte eher an TV und Radio und darauf verlassen Sie sich viel zu sehr. Wenn Sie fest an die Mondlandung glauben, dann heißt das für mich, daß Sie all ihre Titel und Bezeichnungen nicht verdient haben und erst recht nicht, wenn Sie so unfreundlich einem Fragezeichen gegenübertreten.
frdl Gruß ...

Literaturhinweise

1. (Die beste aller möglichen Welten) Die Auffassung, daß die existierende
Welt die beste aller möglichen Welten sei, vertritt Leibniz in seinen um-
fangreichen, sich oft in der Diskussion diverser Lehrmeinungen verstrik-
kenden und durch die vielen Wiederholungen und Variationen des
Grundgedankens recht ermüdenden *Essais de Théodicée sur la bonté de
Dieu, la liberté de l'homme et l'origine du mal* (Theodizee. Von der Güte
Gottes, der Freiheit des Menschen und dem Ursprung des Übels), Amster-
dam 1710. Die Zitate sind, in dieser Reihenfolge, den Abschnitten 7 und
27 des ersten Teils und den Abschnitten 149 und 122 des zweiten Teils
entnommen (ins Deutsche übertragen von Herbert Herring). Schopenhauers Gegenthese, daß unsere Welt wohl eher die schlechteste aller
möglichen Welten sein dürfte, findet sich im 46. Kapitel des 1844 erschienenen zweiten Bandes seines Hauptwerkes *Die Welt als Wille und
Vorstellung*, das Wort von der «ruchlosen Denkungsart» in § 59 des ersten
Bandes. Voltaires satirischer Roman *Candide ou l'optimisme* (Candide
oder Der Optimismus) erschien erstmals 1759 anonym in Genf. Ich zitiere
ihn nach der Übersetzung von Liselotte Runte und Walter Widmer (erschienen 1969 im Winkler-Verlag, München). Zu Adornos Ablehnung des
philosophischen Optimismus vor dem Hintergrund von Auschwitz siehe
dessen «Meditationen zur Metaphysik» im dritten Teil der *Negativen
Dialektik*, Frankfurt am Main 1969.

2. (Die Vorratskeller-Theorie der Welt) Alle Zitate stammen aus dem
zweiten Buch von Ciceros Dialog *De Natura Deorum* (Vom Wesen der
Götter), in dem die stoische Lehre expliziert wird. Von den zahlreichen
Schriften der frühen und mittleren Stoiker sind nur Fragmente erhalten
geblieben. Gesammelt herausgegeben wurden diese erstmals von Johannes von Arnim unter dem Titel *Stoicorum veterum fragmenta* (4 Bände,
Leipzig 1903, 1905). Die Aussage, daß der Mensch keinerlei Verpflichtungen gegenüber Tieren habe, findet sich dort im dritten Band, S. 367–376,
die angeführte Aristoteles-Stelle in *Politik* 1256b. Zu Aristoteles' Natur-
ontologie siehe *De Anima*.

3. (Die süße stille Nacht des absoluten Todes) Daß das Leiden (und die
davon abhängige Willensverneinung) das eigentliche Ziel des Daseins sei,
ist ein Gedanke, der bei Schopenhauer immer wieder durchschlägt; siehe
vor allem *Die Welt als Wille und Vorstellung*, Band 2, Kapitel 46 und 49.
Daß Gott tot sei und wir ihn getötet hätten, erklärt Nietzsche 1882 in der
Fröhlichen Wissenschaft (Nr. 125). Der erste Band von Philip Mainländers

Philosophie der Erlösung erschien bereits sechs Jahr früher, nämlich 1876 im Verlag von Theobald Grieben (Berlin), der zweite Band posthum zehn Jahre später im Verlag E. Koenitzer (Frankfurt). Die Wiederentdeckung Mainländers ist Ulrich Horstmann zu verdanken, der 1989 im Insel Verlag eine knappe, aber durchaus repräsentative und vor allem sehr lesefreundliche Auswahl aus dessen monumentalem Hauptwerk vorlegte (*Philosophie der Erlösung*, ausgewählt und mit einem Vorwort versehen von Ulrich Horstmann, Frankfurt am Main). Ein vollständiger Nachdruck der Erstausgabe erschien 1996, herausgegeben von Winfried Müller-Seyfarth, im Verlag Georg Olms Hildesheim. Die Zitate im Text finden sich hier auf den Seiten I 108, I 325, II 509, I 334, I 207 f., I 216, I 349 und II 218 (in dieser Reihenfolge).

4. (Das Glück des Gerechten) Die Frage, ob der Gerechte oder der Ungerechte glücklicher sei, wird bei Platon nicht nur in seinem umfangreichsten Werk, dem *Staat* (*Politeia*), erörtert, sondern auch im Dialog *Gorgias*. Die Zitate folgen der Übersetzung Friedrich Schleiermachers und finden sich auf den Seiten 344c, 361a, 361e und 589b.

5. (Wer Tugend will, muß Eicheln essen) Die erste Ausgabe der *Bienenfabel* erschien bereits 1705. Sie enthielt aber nur die wenige Seiten umfassende Fabel selbst, nicht jedoch die ausführlichen Kommentare, die erst in der zweiten Ausgabe 1714 hinzugefügt wurden. Ich folge der sechsten, noch weiter ergänzten Ausgabe von 1732, die in einer schönen Übersetzung von Helmut Findeisen (Prosa) und Christa Schuenke (Verse) 1988 im Gustav Kiepenheuer Verlag, Leipzig und Weimar, und zeitgleich im Verlag C. H. Beck, München, auf Deutsch erschienen ist (Bernard Mandeville, *Die Bienenfabel oder Private Laster als gesellschaftliche Vorteile. Mit einer Abhandlung über Barmherzigkeit und Armenschulen und einer Untersuchung über die Natur der Gesellschaft sowie einer Rechtfertigung des Buches gegen die Verleumdungen, die in einer Anklage vor dem Schwurgericht von Middlesex und einem Schmähbrief an Lord C. enthalten sind*). Die Zitate finden sich dort (in entsprechender Reihenfolge) auf den Seiten 7, 357, 379, 37, 19, 168, 214, 26. Wer noch mehr von Mandeville lesen möchte, greife zu der von Ursula Pia Jauch übersetzten, im Carl Hanser Verlag, München, erschienenen *Bescheidenen Streitschrift für Öffentliche Freudenhäuser oder ein Versuch über die Hurerei wie sie jetzt im Vereinigten Königreich praktiziert wird.*

6. (Das Gefangenendilemma) Zur Ergänzung und Vertiefung siehe besonders: Robert Axelrod, *The Evolution of Cooperation* (New York: Basic Books 1984) und Matt Ridley, *The Origins of Virtue* (New York: Viking 1996). Den Nachweis für das «alte chinesische Sprichwort» muß

ich leider schuldig bleiben. Ich habe es vor langer Zeit einmal gelesen, und ich habe es im Gedächtnis behalten, weil es mir eine tiefe Wahrheit auszudrücken schien.

7. (Die Widerlegung des Idealismus) Moores Aufsatz «The Refutation of Idealism» erschien erstmals in *Mind* XII (1903) und wurde später wiederabgedruckt in Moores Buch *Philosophical Studies* (London: Kegan Paul 1922), S. 1–30.

8. (Die adverbiale Theorie der Wahrnehmung) Ducasses Replik auf Moore wurde zuerst in dem Moore gewidmeten Band der Library of Living Philosophers veröffentlicht (*The Philosophy of G.E. Moore*, hrsg. von P. A. Schilpp, La Salle, Illinois, 1942) und später dann im 13. Kapitel seines Hauptwerks *Nature, Mind, and Death* (Evanston, Illinois, 1952), «The Relation of Sensa to Sensing», in modifizierter Form wiederabgedruckt.

9. (Gregor Samsa und der Prinz im Schuster) Kafkas 1912 entstandene Erzählung *Die Verwandlung* erschien erstmals 1915 im Kurt Wolff Verlag, Leipzig. Lockes Überlegungen zur personalen Identität finden sich im 27. Kapitel des zweiten Buches seines *Essay Concerning Human Understanding* (in der 1690 erschienenen ersten Auflage nicht enthalten wurde dieses Kapitel erst in der zweiten Auflage von 1694 hinzugefügt). Zur Kritik an Lockes Konzeption und zur heutigen Diskussion siehe besonders den dritten Teil von Derek Parfits *Reasons and Persons*, Oxford 1984, sowie die von John Perry herausgegebene Textsammlung *Personal Identity*, Berkeley 1975, die neben dem Kapitel aus Locke auch einen Aufsatz von Bernard Williams («The Self and the Future») enthält, in dem das Prinz-und-Schuster-Gedankenexperiment wieder aufgegriffen und variiert wird.

10. (Das Recht, Neugeborene zu töten) Michael Tooleys oft nachgedruckter Aufsatz «Abortion and Infanticide» erschien erstmals in der noch heute meinungsbildenden Zeitschrift *Philosophy and Public Affairs*, Vol. 2, No. 1 (1972), S. 37–65. Ein gleichnamiges Buch erschien 1983 bei Clarendon Press, Oxford. Aufgegriffen wurde Tooleys Argumentation unter anderem von Peter Singer, der damit in Deutschland für aufgeregte Diskussionen sorgte; siehe dessen *Praktische Ethik*, die 1979 in der ersten Auflage und 1993 in einer überarbeiteten und erheblich erweiterten Ausgabe bei Cambridge University Press erschien. Die deutsche Übersetzung ist beim Reclam Verlag, Stuttgart, erhältlich. Ebenfalls einschlägig ist das von Singer gemeinsam mit Helga Kuhse verfaßte Buch *Should the Baby Live?* (Oxford 1985). Die für die Diskussion so entscheidende Definition des Personbegriffs von John Locke findet sich in dessen *Essay Concerning Human Understanding*, Buch II, Kapitel 27, Abschnitt 9.

11. (Unsinn auf Stelzen) Benthams 1795 entstandene Polemik gegen die französische Menschenrechtserklärung, *Nonsense Upon Stilts*, wurde erstmals 1816 in einer französischen Übersetzung unter dem nicht von Bentham selbst stammenden Titel *Sophismes anarchiques. Examen critique de diverses Déclarations des Droits de l'Homme et du Citoyen* veröffentlicht. Die erste englische Fassung (unter dem analogen Titel *Anarchical Fallacies, being an Examination of the Declarations of Rights issued during the French Revolution*) erschien erst nach Benthams Tod in der von Bowring herausgegebenen Werkausgabe (*The Works of Jeremy Bentham*, published under the superintendence of John Bowring, 11 Bände, Edinburgh 1843). Ich zitiere nach der neuen, von F. Rosen und P. Schofield herausgegebenen kritischen Werkausgabe, *The Collected Works of Jeremy Bentham*, aus dem Band *Rights, Representation, and Reform: Nonsense Upon Stilts and Other Writings on the French Revolution*, Oxford: Clarendon Press 2002, S. 317–401.

12. (Das Nichtidentitäts-Problem) Das Problem wird diskutiert im 16. Kapitel von Derek Parfits äußerst einflußreichem Hauptwerk *Reasons and Persons* (Oxford: Oxford University Press 1984).

13. (Die widrige Schlußfolgerung und die zwei Höllen) Siehe hierzu Kapitel 17 und 18 von Parfits *Reasons and Persons*.

14. (Tiermaschinen) Einen ausgezeichneten Überblick über die Tiermaschinen-Lehre, ihre Entstehung und Entwicklung und die lebhafte Diskussion um sie in der zweiten Hälfte des 17. Jahrhunderts bietet das Buch von Leonora Cohen Rosenfield: *From Beast-Machine to Man-Machine. Animal Soul in French Letters from Descartes to La Mettrie* (New York: Octagon Books 1968). Den Hinweis auf dieses Buch verdanke ich, wie so oft, einem anderen ausgezeichneten Buch, nämlich Heike Baranzkes *Würde der Kreatur? Die Idee der Würde im Horizont der Bioethik* (Würzburg: Königshausen und Neumann 2002). Das Descartes-Zitat stammt aus dem *Discours de la Méthode*, V 10. Siehe dazu die Briefe an Mersenne vom Juni und Juli 1640. Schon Thomas von Aquin hat Tiere mit Uhren verglichen: *Summa theologicae*, Prima secundae, Quaestio 13, Art. 2. Der Syllogismus von Arnauld findet sich in dessen *La Logique, ou l'art de penser* (1662), Teil 3, Kap. 13. Der Bericht über Malebranche stammt aus des Abbé Nicolas Trublets *Mémoires pour servir à l'histoire de la vie et des ouvrages de M. de Fontenelle*, in: *Oevres de M. de Fontenelle* (1764), XI 137. Über das Treiben in Port-Royal berichtet Nicolas Fontaine, *Mémoires pour servir à l'histoire de Port-Royal* (1738), II 470. Daß das, was wir den Tieren antun, für diese weit weniger schlimm ist, als es für uns Menschen wäre, wird auch heute noch von vielen Philosophen

vertreten. Siehe hierzu vor allem: R.G. Frey, *Interests and Rights: The Case against Animals* (Oxford: Clarendon Press 1980) und Michael Leahy, *Against Liberation. Putting Animals in Perspective* (London: Routledge 1994). Dazu paßt sehr schön die folgende Bemerkung Chestertons: «Falls es stimmt (und das tut es), daß ein Mensch mit innigem Vergnügen einer Katze bei lebendigem Leib das Fell über die Ohren zu ziehen vermag, dann zwingt das den religiösen Philosophen zu einem von zwei Schlüssen. Entweder er muß die Existenz Gottes leugnen, wie es die Atheisten machen, oder er muß bestreiten, daß sich der Mensch gegenwärtig im Einklang mit Gott befindet, wie es die Christen machen. Die neuen Theologen dagegen scheinen es für eine äußerst kluge Lösung zu halten, die Katze zu leugnen.» (Gilbert Keith Chesterton, *Orthodoxie. Eine Handreichung für die Ungläubigen*, Frankfurt am Main: Eichborn 2000, S. 40).

15. (Dir geht's gut, wie geht's mir?) John B. Watsons Vortrag «Psychology as the Behaviorist Views it» erschien 1913 in der *Psychological Review* (20, S. 158–177). Eine ausführliche Darstellung und konsequente Durchführung des behavioristischen Programms lieferte Watson 1919 in seinem Buch *Psychology from the Standpoint of a Behaviorist* (Philadelphia: J.B. Lippincott Co.). Edgar Arthur Singers philosophische Begründung des Behaviorismus läßt sich nachlesen in dessen Aufsatzsammlung *Mind as Behavior and Studies in Empirical Idealism* (Columbus, Ohio: R.G. Adams and Co. 1924). Das Gedankenexperiment vom «automatic sweetheart» schließlich stammt aus William James' *The Meaning of Truth* (New York: Longmans, Green und Co. 1909), S. 189 (Anm.).

16. (Das Chinesisch-Zimmer) John Searle, *Minds, Brains, and Science. The 1984 Reith Lectures* (British Broadcasting Operation 1984), Kapitel 2. Dt.: *Geist, Hirn und Wissenschaft* (Frankfurt am Main: Suhrkamp 1986).

17. (Blaue Dämonen mit langer Nase) Richard Rortys «Mind-Body Identity, Privacy, and Categories» erschien erstmals in: *The Review of Metaphysics* XIX (1965), S. 24–54. Darauf antwortete drei Jahre später James Cornman mit dem Aufsatz «On the Elimination of ‹Sensations› and Sensations», der ebenfalls in der *Review of Metaphysics* (XXII, 1968, S. 13–35) erschien. (Cornman scheint es auch gewesen zu sein, der als erster den heute gebräuchlichen Ausdruck «eliminativer Materialismus» verwendet hat. Rorty selbst spricht lediglich von «disappearance form of the Identity Theory», also einer besonderen, «Verschwindungs»-Spielart der Identitätstheorie.) Beide Aufsätze wurden wiederabgedruckt in dem von John O'Connor herausgegebenen Band *Modern Materialism: Readings on Mind-Body Identity* (New York: Harcourt, Brace & World 1969), der die bis dahin wichtigsten Aufsätze zum Thema versammelt. Auf

Cornmans Kritik antwortete Rorty mit einem weiteren Beitrag zur Verteidigung des eliminativen Materialismus («In Defense of Eliminative Materialism», in: Review of Metaphysics XXIV/1 (1970), S. 112–121). Heute sind es vor allem Patricia und Paul Churchland, die einen eliminativen Materialismus propagieren: Patricia Churchland, *Neurophilosophy. Toward a Unified Science of the Mind-Brain* (Cambridge, Mass., 1986); Paul Churchland, *Matter and Consciousness. A Contemporary Introduction to the Philosophy of Mind* (Cambridge, Mass., 1992).

18. (Konstruktion Q) Lichtenbergs berühmte Sentenz findet sich in der von Wolfgang Promies in zwei Bänden herausgegebenen Ausgabe der *Schriften und Briefe* (Darmstadt: Wissenschaftliche Buchgesellschaft 1968/1971), K 76, die Auseinandersetzung Nietzsches mit dem cartesischen Cogito in den nachgelassenen Schriften vom August und September 1885. Zu Santayana siehe dessen *Scepticism and Animal Faith* (London 1923) sowie mein Referat in *Ich denke, aber bin ich?* (München: C. H. Beck 2002), Kap. 2. Kurz vor Fertigstellung des vorliegenden Buches schrieb mir Hermann Schmitz, dem schon in *Ich denke, aber bin ich?* ein Kapitel gewidmet war, und machte mich aufmerksam auf seine eigene Widerlegung des cartesischen Schlusses vom Denken auf das Sein. Da diese Widerlegung, wie ich fand, wunderbar in eine Sammlung von phantastischen Reisen durch die Philosophie hineinpaßt, habe ich auch dazu noch ein Kapitel geschrieben und in den Band aufgenommen. Schmitz, den man getrost als den letzten großen deutschen Systemphilosophen bezeichnen kann, hat seine Konstruktion Q an verschiedenen Stellen vorgetragen und erläutert, zuletzt in *Situationen und Konstellationen* (München/ Freiburg: Verlag Karl Alber 2005), S. 64–72. Die Anekdote über die alte Dame und die Schildkröten wird nacherzählt von Stephen Hawking in *A Brief History of Time* (Toronto: Bantam Books 1988), S. 1. Der bekannte Wissenschaftler soll Bertrand Russell gewesen sein. Borges' Erzählung «Die kreisförmigen Ruinen» ist abgedruckt in den im Carl Hanser Verlag (München 1981) erschienenen *Erzählungen 1935–1944*, S. 124–130.

19. (Die Unwirklichkeit der Zeit) Daß die Zeit aufgrund ihrer inneren Widersprüchlichkeit nicht wirklich existieren könne, hat John McTaggart Ellis McTaggart, wie sein voller Name lautet, erstmals 1908 in einem in der Zeitschrift *Mind* (17, S. 456–473) unter dem Titel «The Unreality of Time» erschienenen Aufsatz dargelegt. Eine erweiterte, auf die Einwände von Bertrand Russell und C. D. Broad eingehende Fassung erschien 1927 als Kapitel XXXIII im posthum bei Cambridge University Press vorgelegten zweiten Band von McTaggarts Hauptwerk *The Nature of Existence*, S. 9–31. Diese spätere Fassung findet sich auch zusammen mit den wichtigsten Beiträgen anderer Autoren, die sich in der Folge mit

McTaggart und den Paradoxien der Zeit auseinandergesetzt haben, in dem von R. M. Gale herausgegebenen Band *The Philosophy of Time*, New York 1967. Daß die B-Reihe allein das Wesen objektiver Zeit wiedergebe, vertritt Bertrand Russell bereits 1903 in *Principles of Mathematics* (Cambridge), und später Nelson Goodman in *The Structure of Appearance* (Cambridge, Mass., 1951), Kap. 11 : «Of Time and Eternity».

20. (Ewige Gegenwart) Boethius, *Trost der Philosophie.* Lateinisch und deutsch. Herausgegeben und übersetzt von Ernst Gegenschatz und Olof Gigon (München und Zürich: Artemis Verlag 1990), Fünftes Buch, S. 263 ff. Beeinflußt wurden Boethius' Überlegungen wahrscheinlich von Ammonius (*In Aristotelis de interpretatione commentarius*, hrsg. v. A. Busse, Berlin 1897) und Plotins Reflexionen über *Ewigkeit und Zeit* (Enneaden III 7, in: Plotins Schriften, Bd. IVa, Hamburg: Felix Meiner Verlag 1967).

21. (Que sera, sera) Aristoteles, *De Interpretatione*, Kap. 9. Dazu den schönen Kommentar von Gilbert Ryle in dessen Buch *Dilemmas* (Cambridge University Press 1954), Kap. II: «It was to be».

22. (Buridans Esel) Die Fabel ist in Buridans Schriften nicht belegt. Ähnliche Beispiele finden sich aber bereits in Aristoteles' Schrift über den Himmel (*De Caelo* 295b32), die Buridan kommentiert hat, und in Dantes Paradiso (IV 1–3). Nach Leibniz (*Monadologie* 32) besagt das Prinzip vom zureichenden Grund, daß «sich keine Tatsache als wahr oder existierend, keine Aussage als wahr herausstellen kann, ohne daß es einen zureichenden Grund (une raison suffisante) gäbe, warum es sich so und nicht anders verhält, obschon diese Gründe uns oft nicht bekannt sein können.»

23. (Laplaces Dämon) Ich folge der 1951 bei Dover Publications in New York erschienenen Ausgabe von Laplaces Essai, der als Einleitung seiner großen, mehr als 600 Seiten umfassenden *Analytischen Theorie der Wahrscheinlichkeiten* konzipiert war: *A Philosophical Essay on Probabilities*. Translated from the Sixth Edition by Frederick Wilson Truscott and Frederick Lincoln Emory. Der Determinismus wird heute vor allem von Hirnforschern wie Gerhard Roth und Wolf Singer vertreten.

24. (Mit einem Fuß im Feenland) Alle Zitate stammen aus dem 2. Kapitel des 1908 bei John Lane in London erschienenen und sehr lesenswerten Buches *Orthodoxy*. Zitiert wurde nach der 2000 in der Anderen Bibliothek (Frankfurt am Main: Eichborn Verlag) erschienenen deutschen Ausgabe in der schönen Übersetzung von Monika Noll und Ulrich Enderwitz. Zu empfehlen ist auch der im gleichen Verlag 1998 erschienene Band *Ketzer*.

Namenregister

Aus dem Verlagsprogramm

Philosophie in der Beck'schen Reihe

Michael Hauskeller
Was ist Kunst?
Positionen der Ästhetik von Platon bis Danto
8. Auflage. 2005. 109 Seiten. Paperback
Beck'sche Reihe Band 1254

Michael Hauskeller
Vom Jammer des Lebens
Einführung in Schopenhauers Ethik
1998. 135 Seiten. Paperback
Beck'sche Reihe Band 1274

Michael Hauskeller
Ich denke, aber bin ich?
Phantastische Reisen durch die Philosophie
2. Auflage. 2004. 138 Seiten. Paperback
Beck'sche Reihe Band 1529

Clemens Sedmak
Kleine Verteidigung der Philosophie
2003. 227 Seiten. Paperback
Beck'sche Reihe Band 1546

Holm Tetens
Philosophisches Argumentieren
Eine Einführung
2004. 311 Seiten. Paperback
Beck'sche Reihe Band 1607

Beck'sche Reihe «Denker»
Herausgegeben von Otfried Höffe

Verlag C. H. Beck